KB119978

18
본격
한중일
세계사

본격 한중일 세계사

18 입헌운동과 의화단 사건

초판 1쇄 인쇄 2024년 2월 7일
초판 1쇄 발행 2024년 2월 19일

지은이 굽시니스트
펴낸이 이승현

출판2 본부장 박태근
지적인 독자 팀장 송두나
편집 김광연
디자인 조은덕

펴낸곳 ㈜위즈덤하우스 **출판등록** 2000년 5월 23일 제13-1071호
주소 서울특별시 마포구 양화로 19 합정오피스빌딩 17층
전화 02) 2179-5600 **홈페이지** www.wisdomhouse.co.kr

ISBN 979-11-7171-140-6 04900
979-11-6220-324-8 (세트)

본격 한중일 세계사

18
입헌운동과 의화단 사건

굽시니스트 글·그림

위즈덤하우스

머리말

역사상 난세의 불길에 휩쓸렸던 보통 사람들의 고난을 생각하면 안타까움과 더불어, 일이 닥쳐오면 우리라고 그 처지를 쉽게 면할 수 있겠나 싶은 두려움도 함께 되새기게 됩니다. 2024년 2월 현재, 우크라이나와 팔레스타인의 전화는 여전히 맹렬히 타오르고 있으며, 시리아, 예멘, 소말리아, 미얀마에서의 내전은 세상의 무관심 속에서도 현재 진행형입니다. 대만해협 위기, 한반도 위기에 불이 붙는다면 앞선 전쟁들과는 차원이 다른 참상이 벌어지겠지요. 그런 위기의 당사국, 화약고 위에서 삶을 꾸려가는 처지인 우리에게 난세의 불길은 언제든 역사책이 아닌 일기장에 담길 수 있는 것이니…. 지금이 1939년은 아니겠지만, 적어도 1935년 정도는 아닐까 기우하는 요즘입니다.

국가의 흥망이라는 거대 담론을 다루는 책을 만들고 있습니다만, 지금 우리의 삶에 거대 담론이 엮이는 일은 제발 없기를 바랍니다. 22세기에 나올《본격 한중일 세계사 21세기 편》이 지금 이 시대를 '무력하게 늙어가는 재미없는 시대' 정도로만 기술해준다면 정말 감사하겠습니다. 전기, 상하수도, 도시가스, 다이소, 와이파이, 건강보험, 공공치안 같은 문명 생활의 기반을 무탈하게 누리는 삶들이 계속 이어지기를. 세계가 불타고 시대가 현관문을 부서지도록 걷어차도, 방 안에서 이불 뒤집어쓰고 모른 척하고 있으면 좋게 좋게 아무 일 없이 지나가리라 희망해봅니다. 우리는 시대에 뒷덜미 잡힐 어떤 죄도 짓지 않았잖습니까.

그토록 두려운 시대의 불길 이야기도 이리 헐렁한 만화로 눙쳐놓으니, 그저 일상의 풍경에 놓인 가벼운 책 한 권일 뿐입죠. 뭐, 이번 권은 조선과 청을 오가며 굵직한 사건들을 모두 다루는지라 페이지가 늘어나서 조금 묵직한 편이긴 합니다만. 부디 일상의 요새를 위한 벽돌 한 장으로 삼아주시기를 바랍니다.

2024년 2월

굽시니스트

차례

제 1 장

캉 You, Why

1895년 4월,

청 일
강화조약

시모노세키조약이 체결되던 그때.

베이징에서는 과거를 치르러 온 거인(지방 시험 합격자) 1300여 명이 집단 상소 시위.

굴욕 강화
결사 반대!!
수도를 내륙으로
천도하고 항전을
지속하소서!!
전쟁 망친
권귀들 모가지
다 날려라!!
군사
개혁!!

이 집단 상소의 총대는 광동에서 올라온 **강유위(캉유웨이)**.

K
리겜 ㄱㄱ!!!

1858년 광둥에서 태어난 강유위는
여섯 살에 《중용》과 《논어》를 읽을 정도로
어려서부터 천재로 소문이 자자했으니–

과거

16세에 지방 시험에 합격,
수재!

하지반 본시험에서는
30세가 넘을 때까지
계속 낙방.

과거

진지하게
고시 망국론 진짜인 듯.

과거 공부에 짜증 난 강유위는
점차 시국 논단, 국제 정세,
먼 나라 이웃 나라 이야기에
빠져들게 되고.

문명개화 19세기 후반 대명천지에
우리는 대체 뭘 하고 있는지?!

서양 학문에 심취.
WOW!!
화학! 민주주의! 전기!
자본주의! 법학! 비누!
기차! 진화론!!
문명개화!!!

1891년, 그간 블로그에 올렸던 글들을 모아
《신학위경고》《공자개제고》 출간.

왕망 이래 모든 유교 경전은
집권자들의 입맛에 맞게 조작되었다!!
송·명의 유학은 공맹의 진실된
가르침이 아닌 사이비 어용 학문!!
공
진짜, 오리지널 공자는
유교 지상낙원 혁명을
추구했던 개혁 지도자다!!!
예? 제가요?;;;;

파격적인 썰로
많은 선비의 지지를 받은 강유위는
셀럽 논객으로 등극.

강선생이 말을 좀 막 지르긴
하지만, **공양학**의
일파라고 볼 수 있지요!
(공양학: 대충 근대화
사조에 발맞추는 유교 학파)
사유재산, 계급 없는
만민평등 대동사회가
언젠가 도래할 것!!
마르크스도
읽었는갑네.

선비들은 중국 최고의 지성인들이기에 지금 세상이 어떠한지는 어느 정도 파악하고 있죠.

선비들이 강유위의 막 지르는 이야기에
크게 호응하는 까닭은–

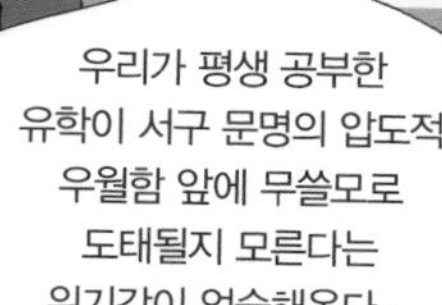
우리가 평생 공부한 유학이 서구 문명의 압도적 우월함 앞에 무쓸모로 도태될지 모른다는 위기감이 엄습해온다…

그리고 무너져가는
중국의 여러 세력을 놓고 봤을 때–

서태후 마망~♡
양귀 고 홈!!
만주퀸귀
양무파
조정블떡
완고파
혁명당
반청복명! 봉건왕조 죽어라!!

유림

저 각축전 속에서
언제나 중국을
캐리해왔다고 자부하는
엘리트 선비들은…

이제 뭐 함?

그리 위기의식과 무력감에
빠져 있는 선비들에게
새로운 활력과 목표를
불러일으키다!

유교 기반 서구 합리주의!
자본주의 + 유교적 사회주의
하이브리드! 기술 문명 숭앙!
사회진화론적 관점의
중화우월주의!

뭔 혼종 잡소리인지
모르겠지만, 아무튼
선비들이 지식인으로서
나라를 캐리하는 거죠!?

1891년, 강유위는 광저우에
만목초당이라는 교실을 열고
여러 썰을 설파.

이 만목초당이
메이지 유신의
쇼카손주쿠
역할을 할 것!

그리하여 만목초당 10제자라는 것도 나오는데.

양계초
진천추
서근
조태
양조걸
한문거
왕교임

대충 이 양반만 알고
있으면 됨.

강유위는 그런 셀럽 논객으로서 1895년의
과거 응시생 집단 상소에서 총대를 맡게 된 것.

(아, 근데 이러고서
과거 또 떨어지면
개쪽인데;;)

다행히도
해당 과거에 합격,
진사로 Lv업.

수험번호20230502
합격
축하드립니다.
과거 도전 18년;;
37세에 합격. ㅠㅠ

그리고
집단 상소의 기세를 몰아
신문 《만국공보》 창간!
문명개화 선비들의
주의·주장을 신문을 통해
계속 설파한다!

그리고 1895년 11월,
문명개화 계몽 사업을
추진하는 '강학회'
설립!
強學會
서양 서적 번역,
계몽 서적 출간.
사람들 모아서 문명개화
스터디도 진행하고, 강연회,
서양 음식 시식회도 하고.

이 강학회에 대한 후원 행렬에
고위 관리들도 동참.

국비 지원 재단으로
밀어주지.

호광총독 장지동 　 호부상서 옹동화 　 섭사성 　 원세개

이홍장도 후원금을 내려 했지만 –

어;; 각하께선 지금
평판이 너무 안 좋아
받기 곤란;;
· · · · ·

전국구 셀럽이 된 강유위는
다른 전국구 공양학파 선비들과도 결맹.

이미 관직도 있는 고렙들이다.

펑요우!
우리가 바로
유신당이오!

담사동 　 류광재 　 양심수 　 임욱 　 양예

인간은
유인원에서
진화했다!!!
팬더가 아니라?

강학회 사업으로 각종 신문 발간과
학교 설립, 강연을 이어나간다.

국비 지원 단체가
뭔 정치질이여!?
그냥 서적 번역만
하는 걸로 제한!

이를 마땅찮게 여긴
서태후 라인 양승이의 태클로
1896년 1월에 강학회 계몽 사업 종료.

But, 강유위와 담사동, 류광재 등의
유신당 일당은 전국적 네트워크를 구축.

대륙 각지에 수십 개의 언론과
수백 개의 학교, 교실을 개설하며
돌아다닌다.

서양 학문 &
캉유웨이즘 설파!

이들의 활동을 남쪽 지역에서
적극적으로 지원하는 이는 호광총독 장지동.

(대만 민주국 지원했던…)
대만 코인은 망했지만, 신당 코인으로 다시 한번!!

베이징에서 지원하는 이는
호부상서이자, 내각 대학사 옹동화.

황제의 스승. 조정 관료의 대표격.

옹동화는 이홍장과
계속 대립해왔고,
이는 청일전쟁 국면에서
폭발한 바 있다.

당신이 맡아 키운 군대, 함대 다 처발리는데?
재정 지원이 거지같아서 그리된 건데!
애초에 당신이 전쟁 부추겼잖아.
어, 당신네 애들이 이렇게 등신인 줄은 몰랐지.

청일전쟁 패전으로
이홍장은 실각.

외교 담당 접대 이사 역만 맡게 되었다…
올ㅋ

전쟁은 졌지만 패배를
반성하는 의미에서 자금성
싹 갈아엎고 폐하의
새 판을 짜보실까요~?
좀 염치없지만
진행해봅시다.
옹동화와 광서제가
슬슬 권력 게임을
장악해보려는데-

워~ 쉬~ 쉬~
평지풍파 일으키지 말고
걍 다들 그 자리에
조용조용 있읍시다~
수석 군기대신
공친왕
아이고
백부님;;

공친왕을 누름돌로
자금성 지붕에 올려놓으면,
그 무게감 때문에
다들 크게 움직일
여지 없겠지.

갈등은 눌러두고, 당장의 현상 유지를
추구하는 공친왕이 누름돌로 좌정하고 있는지라,
일단은 아무도 움직이지 않는 1890년대 후반.

(너네, 절대 저 할매
못 이김. ㅇㅇ)
형수님~
이화원에서의
평온한 노후 라이프
좋잖습니까~

그러다가 1897년 11월,
독일의 교주만 점령으로
황해 위기 발발.
교주만
칭다오
따칭은 거꾸로 하면
칭따오~

음, 이 정도
위기라면…

슬슬
타이밍일 수도…

아, 영감님! 뭐 하쇼!!!
빨리 불 댕기라고!!!

1898년 1월, 강유위의 응답문이 어전에 오르다.

제 2 장

무술변법

1898년 1월, 옹동화의 주선으로
강유위의 응소를 황제가 친람.
하문하심에 응해
나라의 활로에 대한 방책을
아뢰겠나이다.

문명국이 되려면
유럽의 일원이 되어야!
NATO 가입 ㄱㄱ!
WEST
EUROPE

일찍이 러시아의 표트르 대제는
변복하고 유럽을 돌아보며 배움을 얻어
국가를 근대 제국으로 개조했으며,

탈아입구!
입구컷이여. . .

변방의 섬나라 일본은
서구화 유신 25년의
부국강병으로,

중국이 전쟁으로
이길 수 없는 나라가
되었습니다.

중국은 이들을
본 삼아야 하옵니다.

청일전쟁의 치욕에 이어
올해(1898년) 유럽 4개국에 요항들을
뜯기는 수모를 당했으니,

보국회

강유위는 국난 극복을 위한
유림 결사 '보국회'를 조직해
세몰이에 나섰고,

유신의 대업을 어찌
한시라도 미루겠나이까!!
조국 근대화 ㄱㄱ!!

ㅇㅇ!
이제 좀 화끈하게
개혁의 태풍이
휘몰아칠 때도 되었지!!

이 래디컬 선비들을
앞세워 유신 드라이브로
정국을 장악하고…

하지만 공친왕이
살아 있는 동안에는 딱히
크게 움직이지 못했고.

…폐하…
부디 서두르지
마시고, 사람과 때를
묵혀 쓰는 법을
배우시옵소서.

....

세상 제일 위험한 게
풀 텐션 선비임.

1898년 5월 29일,
공친왕 혁흔 사망.

…
Heaven knows I tried
……

2주 후인 1898년(무술년) 6월 11일,
광서제는 〈정국시조〉 발표.

"…삼황오제도 각기 법을 달리했고,
겨울에는 모피, 여름에는 삼베인 것처럼
법은 필요와 때에 따라 달리할 수 있는 것…"

나라의 중흥을 위한
변법!
신민이 일체로 그 방향을
견지토록 할 것이라.

동시에 강유위를 비롯한 유신당 일원들에게
일제히 4품 벼슬을 내려 성내로 불러들였으니.

이로써 유신 시작!
강유위는 총리아문 장경(총무국장급)에,
무술변법 Begins!!

담사동, 양예, 류광재, 임욱은
군기아문 장경에 임명.

이리 변법 드라이브를 시작하기 전, 광서제는 서태후와 딜을 해야 했다.

…뭐, 주상이
황제로서 자기 정치
하겠다는 건 좋지만,
조건을 걸어두고
가야겠소이다.

일단 저 음흉한 옹동화 영감탱이는 짜르도록 하시고.

ㅇㅇ. 어차피 너무 꼰대라 급진 개혁에는 걸림돌이 될 영감임.

큿; 팽당하는 건 나님이였고;;

그리고 저 영감, 지난번 독일 히인리히 왕자 방문 때 의전 가지고 난리 쳐서 쪽팔렸음.

그리고 영록을 직예총독 북양대신에 임명할 것.

…뭐, 그러죠.

…이러면 일단 수도권의 군권은
우리 (서태)후당의 손안에.

직예총독 영록
서태후의 죽마고우, 사돈

그리고 조상 대대로 내려온
조법은 건드리지 않는 걸로.
ㅇㅋ, 콜.

유신이 시작되고 유신당 중핵은 자금성 內 무근전을
커맨드 센터 삼아 변법 개혁을 실행해나간다.
관, 경제,
군사, 교육
변법!
무근전
100개가 넘는
변법 개혁안을 출시!

일단 쓰잘데기없는
조정 부서들부터 구조 조정!
제도국
(대충 황실 내부 소통
관장하던 기관들)
첨사부
통정사
첨사부와 통정사 등
유명무실한 6개
부서 혁파.
…예나 지금이나
개혁은 언제나
사람 짜르는 걸로
시작하는구나;;

언론 자유 보장.
백성, 관리의 자유로운 대정부 건의 권장.

서양 학문을 익힌
인재 추천 등용.

각 부서 재정
입출금 내역을
월 단위로 공개.

각 성 총독아문에
민정관을 두어
행정 감시, 민의 대변.

관리들의 해외 연수 ㄱㄱ

억, 이건
좋은 개혁~ㅎ

행정 서비스 개선을 위한
인지세 도입.

세금도 이제 좀
세련되게 떼는구나.

각 분야 총국을 설치해
해당 분야 개혁 사업 추진.
국내 자본과 기술로
철도 부설 추진!
철도
역식자
모집!
번역
광업
막장 가자!
선진 농법 도입!
커피도 심어보자!
농업
상업
중화 부르주아
발흥!!
공업입국!
공업
지역 각지에
상공회의소 설치.
상공회의소
이제 사업가들이
천하를 캐리해야지요.

지폐 발행 추진.
이게 금태환 지폐를 발행한다는 건지, 아니면 생짜 종이돈을 발행한다는 건지 모르겠네.
사실 지폐라는 게 중국이 원조거든요.
각종 기업 설립 지원.
국영 공사의 민영화 추진.
양무운동 때 만든 국영기업들 운영이 다 개판인지라, 민영화 ㄱㄱ
세상에는 좋은 민영화도 있다해.
신기술, 발명품에 포상금 지급.
짬짜면처럼 홍탕과 백탕을 합친 냄비요.
셀카 찍을 때 보조해주는 작대기입니다.
군사 개혁을 위해 녹영 축소 및 폐지.
일단 녹영에 말뚝 박고 있는 폐급 노인네들 다 전역 조치.

그렇게 절약한 돈으로
향후 6개 서양식 연대 창설 추진.

장교단 해외 유학이나 외국인 교관 초빙 같은 건 이미 몇십 년 전부터 계속 해오고 있던 거고.
그리고 장교 양성을 위한 무비大학당 설립 추진!
Movie대학당 아니다.
武备大学堂
무비학당

무비학당(사관학교)

가장 메이저한 것이 이홍장의 톈진 북양무비학당.
사실 이미 양무운동을 통해 전국 각지에 무비학당들이 여럿 설립되었고.
장지동의 광동수육사학당, 강남육사학당, 호북무비학당, etc.

저 모든 지방 무비학당의
상급 학교로 베이징에
무비大학당을 설립하고!
그리 배출된 고위 장교단을
유신의 군사력으로
삼아야 할 것!

군기아문 장경 **담사동**

그런 군사 유신 프로젝트를
이끌 적임자라면 역시
원장군 아니겠습니까!
모든 건 변법,
유신을 위해~ㅎ

직예 안찰사 · 신건육군감 **원세개**

청일전쟁 때 후방에서 보급 지원, 군사 조련을 맡았던 원세개는 전후 신식 교도 병단인 신건육군의 조련을 맡게 됨.

오합지졸을 제대로 된
군대로 만들어내는 재능이
나한테 있더라고.

젊은 변법 장군으로 기대를 모으고 있다.

그렇게 톈진 외곽 샤오짠에 기지를 둔 원세개의 신건육군 7500명은 유신당 병력으로 간주되고 있다.

나님은
유신당의 일원!
폐하의 충신!

교육 개혁 방면의
가장 큰 성과는 1898년 7월의
경사대학당(現 베이징대학교) 개교!

영세무궁 중화 엘리트
배출의 전당이 되리니.
외국어, 세계사, 화학, 수학, 생물학,
공학 등의 서양 학문을 가르칠
외국인 교수진이 초빙되었다.

이 경사대학당은 초기에
학비 전액과
숙식을 무료로 제공.

졸업생들은
관리로 특채!
과거 안 봐도
출세할 수 있댄다!!

과거 개편-
지방의 1차 시험은 기존대로
사서오경을 위주로 하되,
2차, 3차의 최종 시험은
세계정세와 지리, 외국어, 과학 등
서양 학문을 위주로 한다!
그리고 유교 경전
외워 쓰기 8고문 방식은
앞으로 철저히 퇴출한다!

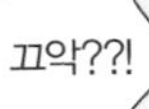
끄악??!

변법의 급진적인 전개에 중화 메인스트림
일각에서는 우려를 표하게 되고.

아니, 조법은
바꾸지 않는다면서;;
너무 세게
변법하는데;;
짤리는 사람이
너무 많잖아;;;

하! 아직 진짜 매운맛 개혁은
꺼내지도 않았는데!!!
으어??!?;;?
기대하시라!!
중화 파천황 천지개벽!!!
두구두구두구두구~!!!

굽씨의 오만잡상

한나라 때 동중서(董仲舒)가 주창한 공양학은 《춘추공양전》을 가장 중요한 경전 삼아, 유교의 정치적 측면을 강조한 사상이라고 합니다. 공양학은 청조에 이르러 다시금 국가 개혁의 정치 이념으로 '리브랜딩'됩니다. 하나의 중국을 강조하는 대일통(大一統) 사상과 난세를 거쳐 태평의 시대로 나아간다는 진보 사관이 시대적 요구에 부합했다고 할 수 있겠습니다. 이 공양학을 급진적으로 밀어붙인 강유위는 공자를 사회·정치 개혁가로서 예수 그리스도와 비스므리한 위치에 놓고 이를 바탕으로 과감한 사회 개혁을 주장했습니다. 개혁과 진보를 위해 서구의 앞선 문물과 제도를 들여오고, 이를 바탕으로 중화 문명을 발전시켜나가면 언젠가 《예기》에 언급된 대동의 시대를 이룩하리라는 것이지요. 강유위가 그린 대동 사회는 세계정부하에 민족과 계급, 남녀 차별이 사라지고, 가족 제도조차 없는 평등 사회이자, 모든 물산을 공영·공유하는 이상적 사회주의가 실현된 세상이라고 합니다. 뭔가 유교 우주의 저 멀리, 사건의 지평선 너머로 날아가버린 듯한 강유위 선생입니다만···. 일단 현실 정객으로서의 강유위는 확고한 근왕파로 입헌군주제를 지지했으며, 중화 우월주의자로서 강력한 내셔널리즘과 인종차별적 시각을 견지했다고 합니다. 뭐, 사변소설 설정 같은 걸 열심히 몽상하는 사람들도 현생은 현생대로 대충 잘 살아가는 법이지요.

孔

제 3 장

100일 유신

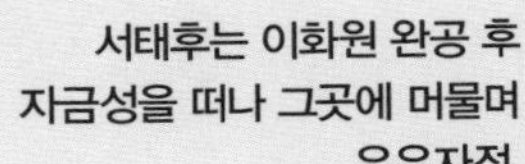
서태후는 이화원 완공 후
자금성을 떠나 그곳에 머물며
유유자적.

황상이 27세인데,
알아서 잘하겠지.
베이징 도성, 냄새나서
돌아가기 싫다.
총감태관
이연영

아이고~
태후 마망!~!!
노불야 마마~!!
(부처 할매)
나라
뒤집어져요!
이리 한가롭게
유유자적할 수
없으십니다요!!
아#c 뭐야.

강유위의 변법이라는 게
똥싸는 법- 변법인
모양입니다요!
유신당의 폭거로
종묘사직이
위태롭습니다!
경친왕 혁광
어사 양승이
하…
뭔데 그러냐.

우선 가장 충격적인 건,
강유위가 헌법과 의회 창설을
추진하고 있다 하옵니다!

근대 문명국가의
기본 중의 기본!
헌법!

헌법

20세기가 코앞인데,
2천 년 전 정치체제
그대로인 나라가 있다?!

헌정

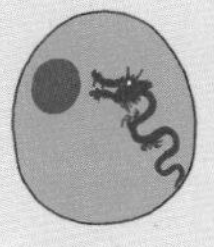

서구가 중국을 낮춰 보는 것의 절반은
우리의 낡은 정치체제로 인함이니!

국민 대표들을 뽑아 의회 만들고!
헌법도 만들고! 입헌정치!

立憲

그렇게 뽑힌 의회의 '정치인'들이
정치를 주관할 것!

아니, 정치라는 건
과거에 합격한
조정 대신들이
하는 게 상식 아님?

응, 이제 시험 쳐서 붙은
관료의 **'행정'**과

선거로 선출된
정치인의 **'정치'**가
분리될 거예요.

입헌군주제–
허군공화!
虛君共和

영명하신 황상께서도
입헌군주제의 대의를
지지하고 힘을 실어주신다!

아니 잠깐.
허군이라니;;
헌법
헌법

중화 5천 년 역사상
처음으로 인민의 대의가
이끄는 나라가 열린다!

이어서 강유위가
노리고 있는 것–
유교 국교회!!

儒

이제 유교를 진짜 종교로!
중국의 국교로 정립할 시점!

서구 문명의 성공 요인 중 하나가
국민 신앙을 기독교로 통합하고,
국가에 이득이 되는 종교 윤리를
설파한 덕분이 아닌가 싶으요.

주여~ 프로테스탄트
자본·노동 윤리하에
부자 되게 해주소서~

중국에서는 그 역할을 유교가
맡았어야 했는데, 이제껏 유교가
종교로서 서양의 기독교 같은
역할을 하질 못했지.

걍, 기독교 도입해서
태평천국 시즌2나
찍지.

기독교를 모델 삼아
유교 국교화를 추진한다!
각 지역의 사당, 문묘에
지역민들이 일요일마다
모여서 예배 보고
유교와 문명개화의
가르침을 받게 한다!
당신은~♬
충효하기 위해
태어난 사람~♬
언젠가 먼 훗날,
해외에 선교사를 보내
공자학교 같은 걸 만들
날도 올 것이다!

이를 통해 강유위는
공자개머시기인지, 자기 책을
유교의 신약성경으로 삼고!!

자기가 유교 국교회의
교황이 될 속셈인 게지요!!
그리고 또, 그 뭐냐,
두발 자유화에
복식 자유화도 한답디다!
썩은 과거와의
신경삭을
끊어라!!

수도도 상하이로 천도한다던데!
이거야말로 만주 북방 세력을 배제하려는 수작이지!
베이징
상하이
답답하게 구석에 처박혀 있는 베이징을 벗어나 세계를 향해 열려 있는 국제도시 상하이로!!
상하이방 Begins냐!

그리고 뭔, 이토 히로부미를 외국인 감독-객상(Guest minister)으로 초빙한다던데!!

초대장

불러놓고 이홍장 복수라고 총알 빵 먹이는 건 아니겠지;;;

데모크라시 붐은 왔다!!!

1898년 6월, 일본에서는 최초로 정당내각이 성립되며 정권 교체.

이토는 외국 유람을 떠난다.

이타가키

오쿠마

흠~ 흠~ 잘들 해보셔~

그리 백수가 된 이토를
외국인 감독으로 맞아들여
중국의 개혁 지도를 위임!
청일전쟁 이긴 비법
가르쳐줘요!
어, 음…
낫토?

저렇게 원수 왜놈 두목을
객상으로 맞아들이려는 꼬라지가
사실 더 큰 음모의 밑그림이라는
이야기도 있습니다.
그것은 바로…

영·미·청·일의

합방지의!!

合邦之議

미국, 영국, 일본, 청나라의
4개국 합방!
연합국가 건국!!

예?!??!??;;;;
예?????;;

죽...여... 줘 . . .

이 뭔
개뜬금쌉판타스틱
망상썰이죠?;;;

솔직히 앵글로·색슨이
모든 백인종 중에서도
가장 우수한 민족 아닐까요?

19세기 말,
미국과 영국에서는
앵글로·색슨주의가
득세하고 있었고.

ㅇㅇ, 이뤄낸 성과만 봐도
인류의 최우수 지배종은
앵글로·색슨이 맞겠지요.

범앵글로·색슨의 기치하에
미국과 영국의 연합국가 건설을
진지하게 논하는 식자들도 있음.

영·미의 연합과
공동 시민권 가능함. ㅇㅇ

헌법학자
앨버트 벤 다이시

영·미의 우수성은
솔직히 사실이니까…

우드로 윌슨도 젊은 시절
앵글로·색슨주의에
살짝 경도되었다고도.

크앗! 그래서
WW1 때 영국 편
오지게 든 게냐!

일각의 영·미 연합국가
망상 논의 이야기가
일본에도 알려지고.

오오! 이건 일본도
끼지 않을 수 없음!!

츄릅
츄릅

Five Eyes + Jap 해서
Six Eyes 가시죠!

일본인은 명예
앙구로사쿠손입니다!

해양국가
연합국!!

ㅎㅎ, 그렇게 정신 나간 소리를 하는 일본인들도 몇몇 있더랍니다.
거, 흥미롭군요.

그런 연합국가가 진행된다면 중국이 참여하는 것이 초고속 문명개화의 지름길 아니겠소이까?

유신당의 양심수가
이를 4개국 합방지의안으로
무근전에 올림.

거, 참신한 브레인스토밍 촉매 소재군요.
일단 뭔 약 빠시는지 좀 나눔 합시다~ㅎ

약빤 망상 개드립이라곤 하지만, 이는 결국 영·미·일– 외세를 빽으로 삼으려는 유신당의 속내를 드러내는 시그널이렸다…
우리 변법 개혁은 문명국 형님들의 지지를 얻고 있다!
외국인 고문단도 대거 영입할 거임!

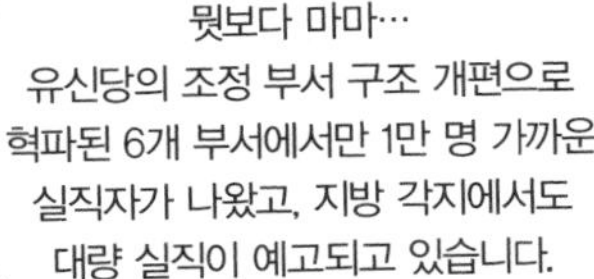
뭣보다 마마…
유신당의 조정 부서 구조 개편으로
혁파된 6개 부서에서만 1만 명 가까운
실직자가 나왔고, 지방 각지에서도
대량 실직이 예고되고 있습니다.

1만 명의 모가지를
날리시겠나이까!
강유위
한 사람의 목이면
해결될 것을!

태후 마마의 사람들이
엮여 있는 아문과 사업들이
줄줄이 날아가고 있사옵니다…

음…

1898년 여름이 저물 무렵,
베이징 시내는 온갖 찌라시로
뒤숭숭.

(서태)후당이 유신당을 곧
쓸어버릴 거라던데.

대사
대사

유신당이 먼저
후당을 칠걸?

양놈들이 유신당을
지원한다지요?

그 와중인
1898년 9월 1일.

상소문 좀
제출하려는데요.
예부
예부상서
Top회포
어, 거기
놓고 가게.
예부주사 왕조
(유신당원)
예부상서
탑회포

쯧, 또라이 유신당놈이 또 뭔 헛소리를 싸제겼나…

마음의 상소

'…일본의 이와쿠라 사절단이 큰 역할을 했듯이…'
!!!!!!?!!!!!!
!!!!!!!!?!!!!!

"…**황제 폐하**와 **태후 마마** 양전께서 일본과 미국, 서구를 순방하시기를 청드립니다…"
BALEMCIAGA

정변의 방아쇠 해머 코킹!!

굽씨의 오만잡상

19세기 후반에서 20세기 전반의 세계는 실로 인종주의, 자민족 우월주의가 극에 달했던 시기였습니다. 그런 판에 세계 최강의 국력을 이룩한 영국과 미국에서 자민족 우월주의가 나오지 않았다면 그게 더 이상한 일이겠지요. 대표적으로 19세기 영미 상류층에 널리 퍼진 '튜턴 기원설'이 있는데, 영국과 미국의 우월한 사회·정치·문화가 고대 게르만-튜턴에 기원을 두고 있다는 설입니다. 게르만의 본가인 독일도 이 튜턴의 후예이지요. 영국과 미국은 같은 언어적·문화적 배경하에 경제적·인적으로도 매우 끈끈하게 결합해왔으며, 영국과 독일도 왕실, 귀족 사회의 혼맥으로 깊게 엮여 있었습니다. 당대인들에게 이 튜턴의 후예, 즉 영·미·독은 명확하게 인류 문명을 이끌어 갈 지도적 위치의 민족이라 여겨졌을 것입니다. 백인 중에서도 가장 백인다운 민족. 신체적·지적으로 우월한 인종. 가톨릭이나 다른 이교도들과 달리 검박한 개신교 윤리를 공유하며, 가장 냉철하고 합리적인 사회와 정치 체제를 이룩했고, 무엇보다 압도적인 과학기술력과 경제력, 무력을 갖춘 민족이 아니겠습니까. 1900년에 출간된 SF 소설 《제국을 위한 투쟁》의 설정처럼, 영·미·독이 국가 연합을 이루고 나머지 세계 전체와 대전을 벌여 결국 지구를 앵글로·색슨의 단일 국가로 통일하리라는 전망은 꽤 일반적인 정서에 기반한 것이었습니다.

뭐, 결국은 20세기의 불지옥 난장판을 뚫고 나오면서 이들 국가는 문명적으로 성숙해, 인종적·민족적 정체성을 지양하고 범인류적 보편성을 추구하는 깨인 나라들이 되었습니다만. 영미권(Anglosphere)이라 불리는 앵글로·색슨 문화권은 오늘날에도 미국을 필두로 세계를 정치적·경제적·문화적으로 리드하는 위용을 떨치고 있지요.

제 4 장

무술정변

XI

황제 폐하와 태후 마마를
해외여행
보내드립시다!

왕조의 파격적인 상소문은

BALENCIAGA

미친놈이 이게
무슨 뜻인지
알고 쓴 소린가;;
어전에 오르지 못하고
예부상서 탑회포에 의해
짬처리된다.
폐지

이를 알게 된
황제는 대노.
황제가 연 언로를 막다니!
이런 반동분자가
유신의 대업에 걸림돌이다!
예부상서 탑회포 해임.
해외여행
가고 싶으셨나;;

아이고 태후 마마!!! 이거 선 넘은 거 아닙니까!!
2품 이상 대신의 인사는 태후 마마의 인가가 필요하거늘!!
태후 마마의 안위를 충정으로 살피고자 한 예부상서를 짜르다니요!
음…
태후 마마를 이역만리 외국으로 보내 낯선 공항에 고려장 하려는 속셈이 뻔합니다요!

그래… 이제는 움직이지 않을 수가 없다…
영록아, 슬슬 세팅해놔라.

…옙.

직예총독 북양대신 영록

9월 들어 후당 라인에서
강유위를 탄핵하는 상소들이
줄줄이 올라오고.

강유위의 목을 치시옵소서!!!
강유위는 럭키 김옥균일 뿐이옵니다!!

유신당과 후당의 충돌에 대한
흉흉한 예측으로
온 베이징 시내가 술렁.

어느 쪽이든 순순히 모가지를 내놓진 않을 것이니;;
정변의 불똥을 피해 당분간 고향에 가 있자;;

1898년 9월 14일, 광서제는
강유위에게 밀칙 의대를 하사.
(-했다고 훗날 강유위가 주장함)

거사를 이루어 역적을 처단하고 짐을 보위하는 데 노력과 수단을 아끼지 말라.
…진행하겠사옵니다.

후당이 우리를 치기 전에, 우리가 먼저 움직여야 살길이 있을 게요.
저들은 수도권의 병력이 모두 손에 있다 여겨 방심할 터이니, 그 틈을 노려야 하오!

서태후는 도성 밖
이화원에 머물고 있고,
수도권 4만여 명의
병력을 통솔하는
직예총독 영록은
톈진의 북양대신
아문에 있음.
이화원
베이징
샤오짠
톈진
우리는 톈진 외곽
샤오짠에 있는
원세개 장군의 신건육군 병력
7500명을 동원해
거사를 진행해야 하오.

거사의 핵심은
이화원을 들이쳐 서태후를
잡아 가두는 데 있소이다!
이화원을 들이칠 구실은-
이화원에 열조께서 비밀리에
은닉한 비자금 금고가 있으니,
그걸 접수한다는 걸로
합시다.
진짜 있음??

1898년 9월 17일, 원세개가
자금성의 호출을 받고 입궐.

어, 음;; ㅎㅎ;;
어명을 받들어 입궐이라니,
영광이죠.

우리 원장군, 이제 좀 더
큰물에서 큰일 하셔야지
않겠소~ㅎㅎ
~찡긋~☆
서; 성은이
망극하옵니다;;

광서제, 원세개를
시랑보로 승품.

음; 과거 근처도
가본 적 없는 나한테
시랑 벼슬이라니;;
뭔 무리수를
맡기려고;;;

폐하께서는
원장군이 어명을 받들어
역적들을 쓸어버리고자 하는
충심을 보신 것이오!
아~ 아~!
ㅎㅎ;;
믿어도
되겠소이까?!

담사동이 원세개의
숙소 방문.

이야말로 한헌제의 밀지를
받아 뫼신 유비의 심정!!
폐하께서 우리 군영에 드시어
어명을 내리신다면, 바로 영록의
목을 날리고 베이징으로 진군해
역적들을 다 쓸어버리리다!!
오! 그러면 일단
폐하께서 움직일 방도를
찾아봅시다!

…그리 원세개가 호언장담하더랍니다.
음, 양아치인 줄 알았는데 의외로 믿음직하구먼.
하면, 톈진 쪽 열병식 같은 걸 구실 삼아 원세개의 군영으로…

잉?
쉬이~!!
물렀거라~!!!

태후 마마 듭시오~!!!

1898년 9월 19일,
서태후가 자금성으로 환궁.

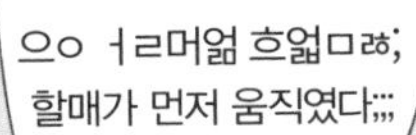
으ㅇ ㅓㄹ머얾 흐웞ㅁㄺ;
할매가 먼저 움직였다;;;

일단 경은 상하이로
가 있으시오.
거기라면
운신의 폭이 있을 터이니,
가서 외국인들의 도움이
가능한지 알아보시오.
예; 폐하;;

다음 날인 9월 20일,
광서제와 서태후가 함께
이토 히로부미 접견.

어, 그 객상으로
취직시켜주신다던
얘기는…?
뭐, 요즘 워낙
취업 사기 사이트가
많지 않소이까~ㅎ;

같은 날,
서태후 측 금군이
강유위 자택 급습.

아, 형님은
상하이 갔다니까!!
서양 의학도

강유위의 동생 강광인이 잡혀간다.

베이징의 동향에
촉각을 곤두세우고 있던
원세개는 상황 전개를 파악.

으랆ㄴ웞ㅅ#어 ㄻㅓ
할망구가 먼저
움직였구나;;;;

그날 저녁,
원세개는 북양대신아문의
영록을 찾아가 모든 것을 고변.

담사동이 찾아와서
막 군사를 일으키네 어쩌네
숭한 소리들을 했지만…
…대충 그런 그림일 건
짐작하고 있었음.

영록은 톈진의 병력을 거느리고 밤새 기차를 타고 이동.
9월 21일 새벽에 베이징 입성.

수도권 통근 열차라도
새벽 첫차는 앉아서
올 수 있구먼.

동트기 전에 베이징 도성 모든 대문과
황성을 영록 병력이 장악.

예아~
쿠데타~!

그렇게 정리되었으니, 주상은 이제 호수에서 머리 좀 식히고 있도록 하시오.
큿;
BEIJING

황성
자금성
중남해
영채
천안문
광서제는 황성 정원인 중남해의 호수 가운데 섬에 있는 영채에 감금된다.

…이 나라의, 청조의 명줄을 구할 마지막 심폐소생술 기회를 이렇게 뭉개버리십니까?!

이 나라의 명줄이 다한다면 청조의 근본을 지킨 채 죽어야지,
뭔 사이비 선비의 잡탕 광대 놀음판을 임종 삼을 순 없소이다.

1898년 9월 21일, 조칙 하달.

…대역무도 강유위 도당이 벌인
소위 변법 조치들은
모두 무효화한다…

경사대학당을 제외한 무술변법의
모든 조치가 무효화되며
100일 유신은 막을 내린다.

곧 유신당 지도부에 대한
추포령이 내려지고.

유신은
you, sin이야!!
죄!
오;

9월 25일,
유신당 핵심 인원 모두 검거.

큿,
아나킨 위안스카이워커
이름값 보소…

1898년 9월 28일,
유신당 핵심 6인 처형.

"... 하늘을 향해
내 칼로 웃으며,
간과 쓸개를 두 곤륜에
남기리라."

담사동 절명시

담사동
류광재
임욱
양심수
양예
강광인
세상은 이들 선비를
'무술6군자'라 부르며
안타까워했다.
'사6신'
같은 거지.

크읏! 서태후!!!
복수한다!!!

상하이로 갔던 강유위는
목숨을 건져 일본으로 망명한다.

일본에 이미
중국인 망명객들이
몇 분 더 계시죠.

제 5 장

도쿄 콜라보

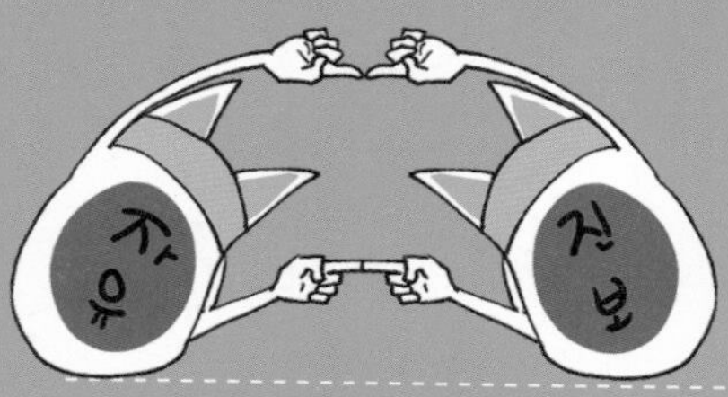
자유
진보

강유위를 일본으로 모셔온 건
히라야마 슈와 미야자키 도텐 등의
아시아주의자들.

도쿄가 아시아의
파리 역할을 수행,
혁명가들을
품어드립니다.

양계초 강유위 히라야마 슈 미야자키 도텐

구마모토 출신인
미야자키 도텐의 집안은
서남전쟁 때 사이고 측에 가담한
반골 집안.

BIBLE

정부에 대한 반감으로
일찍이 기독교에 귀의해
전도사가 되려고도 했지요.
영어도 배우고.

민중의 궁핍 구제!
이상 사회 건설!
번벌 정부 타도!!

사회주의까지는 아니어도
늘상 '혁명'을 주장하던 도텐은—

점차 아시아주의로 기울어
'아시아 혁명'을 주창.

아시아 전역의 구체제를
한 번에 엎어버리는
아시아 혁명의 쓰나미를 통해,
일본은 물론 아시아 전체의
민중을 구원하리라!!
엥?

그런 맥락에서 태국에
일하러도 가보고,

필리핀 독립운동가들도
만나보고.

우리는 모두 대동아시아
칭구~ 칭구~ 함께
양놈들에게 맞섭시다!

일본으로 망명한 김옥균과
두터운 친분을 쌓았고.

일 잘 풀리면 나중에
서울 풀코스 쏘겠네!
예, 예~
서울에서 쏘는 게
총알만 아니면
뭐든 좋습니다요~

혁명이라면 당연히
공화국 건설이지요!!

1897년, 런던에서 도쿄로 온
손문과도 깊게 친목질.

손문의 글들을 일본어로 번역해
여기저기 게재해줌.

ㅎ; 일본에서
공화국은 좀 민감한
주제거든요;;;

아시아 혁명!! 일본의 메이지 혁명을 아시아 전역에 수출한다!!
도텐의 아시아 혁명 행보는 일본 조야의 눈길을 끌어 이런저런 지원을 받게 되지요.

외무성,
겐요사 등에서
지원해줌.

이곳 도쿄에 다른 중국인 혁명가
손문 선생도 머물고 계신데,
한번 회합을 주선해보면 어떨까요?

그리 강유위 일행을
도쿄에 모셔놓고-

소오온문?!

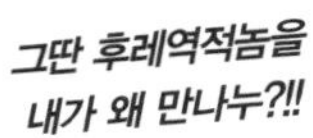
그딴 후레역적놈을 내가 왜 만나누?!!

제정신인 선비가 임금을 폐하겠다는 미친놈과 말을 섞을 성싶은가!?

....
슬쩍
아, 예;;

강유위와 손문의 만남은 불발되었지만,
강유위의 제자인 양계초가 손문을 만나러 간다.

기자 출신 정치인 이누카이 쓰요시의 자택에서 회합.
런던에서의 모험담은 매우 흥미롭게 읽었습니다.
그쪽 강선생님께서는 베이징에서의 일로 실망이 크시겠습니다.

이번 무술정변을 통해 깨달으셨겠지만,
역시 봉건 군주제하에서 제대로 된 국가 개조는 이룩할 수 없습니다. 역시 공화국으로 가야…

아니, 손선생께서도 광저우에서 허무하게 처발리지 않으셨습니까?
중국 인민들에게 공화제는 결코 깃발로 받아들여질 수 없는 겁니다.

아니, 저 거대한 황실, 만주 권귀 집단을 그대로 머리 위에 둔 채로 개혁을 진행한다는 게 현실적으로 말이 되오이까?!
말이 안 될 게 뭡니까. 여기 일본도 황실과 귀족 집단을 머리에 이고 유신을 진행해 이렇게 성공하지 않았습니까?

특히, 이번에 일본에서는 드디어 민당의 의회 권력이 정권을 차지하는 데 성공했으니,
선생께서 좋아하시는 데모크라시가 동양적 군주제하에서 꽃피울 수 있음이 입증된 것 아닙니까?!
음, 일본 정치 이야기로 가는 건가요.

1898년 3월, 제국의회 5차 총선거에서
반정부 민당인 입헌자유당과 진보당은
중의원 300석 중 209석을 차지.

자유
진보

105석 104석

뭐, 어느 선거에서든
민당이 원래 이 정도
득표는 해왔음.

청나라한테 받은
배상금도 다 썼고, 이제
다음을 대비해 지조(토지세)
증세를 해야겠는데…

의회

총리 이토의 토지세 증세안을
이 의회가 거부한다.

응, 까드슈.

응, 의회 해산.
총선 다시 치른다.

얼씨구?

그렇게 나오신다면,
이제 야권 대통합으로
번벌 정부에 맞설 때!!

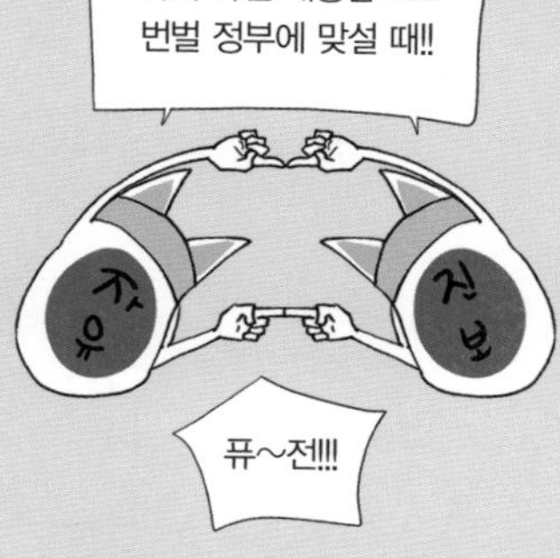
자유
진보
퓨~전!!!

1898년 6월 22일,
자유당과 진보당이 합당을 결의하며
초거대 정당 **헌정당** 탄생!

헌정
헌정당

자유당 당수
이타가키 다이스케

진보당 당수
오쿠마 시게노부

크읏;; 민당이 둘 일 때는 그나마 저것들 갈라치기 할 수 있었는데;

이리 놔두면 새로 치를 총선에서 저것들이 의석 싹쓸이할겨;;

우리도 여당 정당을 만들어 대응해야…

ㄴㄴ!! 정당은 절대 불가!! 원훈 정치 초연주의 절대 수호!!

아니, 그러면 저 거대 야당 의회 상대할 새 총리, 당신이 할 거요?

아니, 너님 똥은 너님이 치우시오.

호다닥

뭐, 이렇게 된 거
저것들 정권 한번
굴려보라고 줘보죠.

결국 이토는 총리 사임하면서
새 총리를 민당에 맡길 것을
천황에게 주청.

음, 데모크라시의
불길한 기운이
물씬 풍겨오는구려.

이에 1898년 6월 27일,
최초의 정당내각 수립!

1차 오쿠마 내각

총리대신
오쿠마 시게노부

내무대신
이타가키 다이스케

이하 각료 전원(육해군 대신 제외)이 의회 의원.

드디어
의원내각제가
실현되었DAZE☆!!

데모크라시 붐은
왔다!!!

갑자기 분위기
유럽 정치!

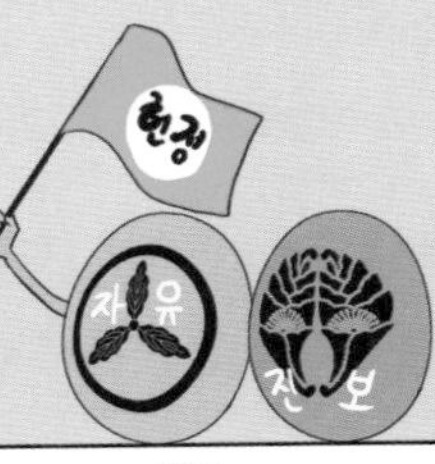
아니, 민권운동에 그런
고리타분한 번벌 패러다임
그만 좀 갖다 붙이쇼.
헌정
자유
진보

혹자는 이를 삿쵸 번벌 정권에 대한
토히(도사, 사가)벌의 도전이 민권운동을
통해 성공한 것으로 평하기도.

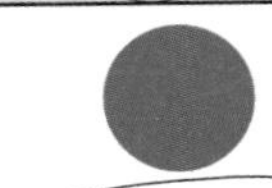
이때쯤 되면 이미 출신 번
어쩌고 같은 건 상관없는
진짜 데모크라시
대중운동으로서의
민권운동이라고요.

(근데 군부까지
저놈들이
손대게 두면
안됩니다요)
○○, 육군대신과
해군대신은 짐이
생각해둔 바가 있으니
그대로 두도록 하라.
육군대신
가쓰라
해군대신
사이고

다만 육해군 대신은
야마가타의 책략으로
그대로 번벌 인사가 유임된다.

아무튼 집권에 성공한 헌정당은
여러 관직을 자기네 인사들에게 뿌리고.

그동안 고생
많았소, 동지들!!
헌정
엽관주의가
진짜 데모크라시지!

민권운동 인사들이
지방 관직에 대거 진출,
지방 권력이 운동권으로
크게 기운다.

하지만 역시 중앙의 요직 감투는 한정되어 있고,
이를 분배함에 잡음은 피할 수 없는 것.

오쿠마가 총리 먹었다고 진보당계 놈들이 감투 다 쓸어가는 거 같은데…
자유당계 놈들이 감투 더 내놓으라고 억지 부리는데…

어, 외무대신은 이토 미요시에게 주기로 이토 히로부미랑 얘기가 되어 있었는데요…
번벌 빌런 이토 히로부미 눈치를 왜 봅니까?
그냥 내가 계속 외무대신 겸직하겠소.

총리 오쿠마의 외무대신 겸직을 놓고
이타가키와 오쿠마 간에
갈등의 조짐이 보이기 시작.

자유당 중진 호시 도루도
미국에서 귀국해
깽판을 치기 시작하고.

아, 외무대신 시켜준댔잖아요!!!

헌
정
자유
진보

자유당계와
진보당계의 갈등은
점차 걷잡을 수 없이
격화되기 시작한다.

아오,
이 감투에 미친 놈들이랑
뭘 같이해보겠다고!!

그 와중인 1898년 8월 21일,
진보당계였던 문부대신
오자키 유키오가
제국교육회에서 연설 中—

거, 금권정치라는 게 정말
돈으로 정치를
지배하는 것이니,

문부대신
오자키 유키오

이를테면 말이요,
일본에서 절대 없을 일이지만
꿈에서라고 가정하고
얘기해봅시다.

일본이 공화제를 시행한다면,
아마 미쓰이 재벌이나
미쓰비시 재벌이
대통령 후보가 될 겁니다.

ㅎㅎㅎㅎ~
(좌중 폭소)

내 한 100세까지
살면 진짜 이상한
일본을 보게 될지도~

음?! 공화제?!?!?
대통령어어엉?!!?

《도쿄니치니치신문》

제 6 장

붕괴

자유당계
헌정
헌정당
진보당계
헌정

1898년 8월의 총선거에서 헌정당은
중의원 **300석 중 244석**을 차지하는
전무후무한 대승.

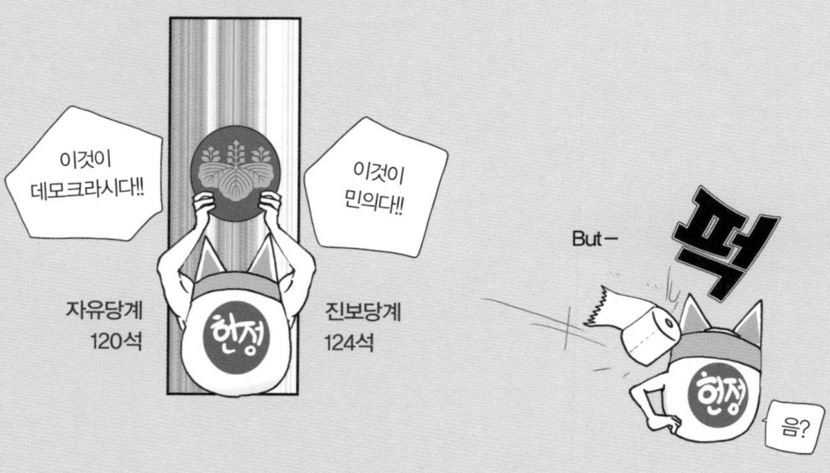
이것이 데모크라시다!!
이것이 민의다!!
자유당계 120석
헌정
진보당계 124석
But –
퍽
헌정
음?

오자키 유키오의 교육회 연설문 내용이 언론에 의해 설화로 번진다.
문부대신 오자키가 공화제와 대통령 드립을 질렀다!!!
헌정
데모크라시 역적놈들이 본색을 드러내는구나!!
하; 이딴 게 껀수가 되냐;;

아, 진짜, 진보당놈들 감투 다 먹더니만,

트롤도 지들이 다 하네!!

이는 헌정당 계파 내분 격화를 불러오고.

자유당계

진보당 계

헌

정

아니, 우리 장관이 공격받는데 힘을 합쳐 맞서야지, 뭔 내부 총질이여;;

됐고, 당장 문부대신 짜르시오 !!! (그리고 그 감투 우리 줘)

너무하시네;

이타가키의 문부상 파면 요구에 천황도 수긍하는 메시지를 보냄에 따라,
일본인이라면 공화제 드립은 꿈의 꿈속에서도 나올 수 없는 말이지.
10월 21일에 오자키 문부대신 사임.
쿳, 이놈의 제국 망하는 꼴, 내 끝까지 보고 만다.

그런데 오쿠보는 후임 문부대신으로 진보당계 자기 라인인 이누카이 쓰요시를 올리고.

이게 현명한 일일까요?;;
이누카이 쓰요시
당당하게 나가야지, 밀리는 형세를 만들면 안 돼.
총리가 미쳤구나!!
똥을 싸질렀으면 반성하는 시늉이라도 해야지!
똥 싼 자리에 그대로 자기 사람 올리는 건 싸우자는 소리지?!
자유당
헌정

어차피 저 감투에 미친 진보당놈들과 길게 같이할 수 없습니다. 이 기회에 저쪽에 데미지 최대한 많이 입히고 갈라서는 게 최선입니다.
호시 도루 (메이지 헌정의 요괴)
음, 하지만 우리가 당을 박차고 나오는 그림이 되면 여론상 불리한데.

그 부분이라면
다른 묘수가
있지요~
?
진보당계
헌정
자유당계
헌정
슬금슬금

1898년 10월 29일,
자유당계 대의원들이 기습적으로
총회를 열어 헌정당 해산을 결의!

헌
정
당

이어 곧바로 자유당계를
지도부로 하는 新헌정당
결성을 의결.

이제
New 헌정당은 자유당계
지도부가 지배합니다!

쿠, 쿠데타다!!
저게 법적으로
말이 되냐!!!
자유당계
헌정
헌정당
진보당계
헌정
응, 내무대신 승인
다 얻었어. 당 지도부
말 안 듣는 놈들은 다
출당 조치야.

자유당놈들이 결국 혼노지를 쳤습니다!!;;
큿; 호시 도루, 이름값 보소; 스틸 잘하는구나;;
그래도 정권 붕괴까지 가자는 건 아니겠…

응, 자유당계 각료 모두 사직합니다.
내무대신 이타가키, 대장대신 마쓰다, 체신대신 하야시 사임.
사직서
사직서
사직서

옳거니, 우리도 다 사임 ㄱㄱ
이에 발맞춰 번벌의 육군대신 가쓰라, 해군대신 사이고도 사임.
사직서
사직서

결국 1898년 10월 30일,
총리대신 오쿠마 시게노부 사임.

내려주신 대임을 수행하기에
불초의 공력이 너무나 미진하여…
응, 대충 이렇게
끝날 거 같더라.

그렇게 일본 최초의 정당내각은
출범 4개월 만에 붕괴한다.

자유당계
진보당계
헌정
당
번벌
정당
내각
번벌과 언론의 공격에
당 내분까지 겹치니
버틸 방도가 있을 리가;;;

결국 야마가타 아리토모가
다음 총리를 맡으면서
2차 야마가타 내각 출범.

번벌
역시 원훈 이너서클 멤버끼리
정권을 굴려야 잡음이
없는 법이죠.

자유당계가 장악한 헌정당은
야마가타 내각에 협조하기로 했고,

번벌

자유당계
헌정당

진보당계
헌정본당

크앗, 민권운동의 배신자들!! 우리가 진짜 원조 헌정당인데!!!

밀려난 진보당계는
'헌정본당'이라는 정당을
꾸려 반정부 노선을 견지한다.

…이번 해프닝을 통해 배운 바가 있으니,

향후, 민당이 다시 집권할 경우를 대비하는 장치를 구축해놓을 필요가 있어.

특히 감투 부분에서.

'문관임용령'을 제정! 정치꾼들의 엽관주의가 발흥하지 못하도록!

앞으로 정무 임명직은 친임관 이상으로 제한하고,

이하 모든 관직은 오로지
고시에 합격한 엘리트들만이
승진해 오르도록 한다.
합격증
출세하고 싶은 놈들은
정치 운동 쫓아다니지 말고,
고시 공부를 하란 말이야!!

또한 육해군 대신은 앞으로
현역 무관만이 맡을 수 있도록 한다.

'육해군대신 현역무관제'

육군
육군에서 추천하는
장군이 장관으로.
해군
해군에서 추천하는
제독이 장관으로.

육군대신
현역 대장
가쓰라 타로

해군대신
현역 중장
야마모토 곤노효에

이렇게 해야 정권이 어떻게 바뀌어도 각 부처가 정책 일관성을 유지하며 나라가 안정적으로 굴러가지 싶으요.
그, 뭔 개소리요!! 가뜩이나 약한 정치의 영역을 더 좁히려는 술수구먼!
번벌
자유당계
헌정

의회의 반발을 달래기 위해–
자유당계 지방 현지사들 자리 다 보장해드리고요~
선거권 확대도 해드리고요~
토지세 증세도 5%에서 3.3%로 깎아드리고요~
3.3%
¥
자유당계
헌정
국회의원 세비도 대폭 증액해드립니다~
…뭐 이렇게까지 성의를 보인다면야…

…이리 시스템을
갖춰놨으니 앞으로
제대로 굴러가겠지…
육해군대신
현역무관제라니;
시스템은 개뿔;;
그런 백도어 악성 코드가
오래 갈 것 같으요?
육해군대신
현역무관제

육해군대신 현역무관제는
악성 코드가 아니라
최소한의 세이프 가드
시스템이오!

변덕스러운 민의의 바람과 그에 영합하는 정치꾼들은
뱃전의 이쪽에서 저쪽으로 마구 쏠려 다닐 것이고.

우ㄹㄹㄹㄹ
이쪽이
민의다!!!

그리 양극으로의
진폭을 늘려가던 배가
결국 엎어질 것은
너무나 예정된 참사.
이게 다
포퓰리즘
때문이다!
정당
So, 이 위태로운 배의
무게중심에 묵직한 바닥 돌이
좌정해 있어야 하오.
軍
정치꾼의 선동과 국민의
변덕에 영향받지 않는
엘리트 단괴로 이뤄진
묵직한 바닥 돌이!
하…
…정치적 개똥철학 가지고
너님과 길게
말 섞고 싶지는 않고요.
그리할 것 같으면,
우리쪽 정당- 여당을 만들어서
향후 정당정치로 가는 거
익스큐즈해주시죠?
이리
대비해놓았으니,
ㅇㅋ

번벌
헌정
당
정당 내각
진보당계

이렇게 1898년 가을, 일본 정당정치의 집권 실험이 실패로 끝난 것은
이타가키의 자유당계가 내부 총질 난사했기 때문이 아닐는지…
근데 오쿠마도 너무 진보당계의 감투 챙기기에만 급급했기에 그런 분란을 자초한 측면이 있지 않습니까?

왜 그렇게 총리가 외무대신을 겸직하려고 고집했는지 이해가 안 가죠.
아무튼 그렇게 1898년 하반기는 청나라와 일본 양국에서 의회 권력 추구 세력이 모두 실패하는 해프닝이 있었다는 거군요.

일본의 두 번째 국회의사당

아, 거기에 동시기 조선에서의 해프닝도 추가할 수 있겠군요.
엥?! 조선??

굽씨의 오만잡상

1898년 헌정당이 가졌던 국회 의석 점유율 81퍼센트는 이후 태평양전쟁 때의 어거지 정당 연합인 대정익찬회의 의석 점유율 81퍼센트를 제외하면, 일본 정치사상 가장 높은 의석 점유율이라 하겠습니다. 정계를 양분하는 두 개 거대 정당이 합당해, 압도적인 의석 점유율을 차지한다는 그림은 이후 1955년 자유당과 일본민주당의 합당— 자민당으로 재현되지요. 4개월 천하에 그쳤던 헌정당에 비해 자민당은 합계 65년 천하를 바라보고 있습니다만. 물론 옛 일본제국 정치 시스템이라는 것이, 의회 과반 다수당이 총리와 내각을 내고 국가권력을 차지하는 시스템은 아닌지라 다수당의 의미와 무게가 오늘날과는 좀 다르다는 부분을 고려해야겠지요.

憲政
81%

제 7 장

1898

1898년 3월 개최된 만민공동회.
만민공동회의 요구대로 러시아가 절영도 조차와 한러은행 설립을 포기하며 물러섬에 따라 만민공동회의 기세는 하늘을 찌르게 된다.
착각 ㄴㄴ… 너네 시위만으로 물러나는 거 아니다.
민중의 힘으로 러시아를 밀어냈다!!
어, 음, 근데…;; 러시아를 끌어들이길 바라던 주상의 심기는 많이 불편하신 듯?;;;
……
독립협회 회장 이완용

1898년 3월, 이완용은 독립협회 회장 자리를 내놓고 전북관찰사로 Run.

이에 윤치호가 독립협회 회장으로.

EXIT!!
이제 이 기세를 타고
진짜 목표인 Democracy로
ㄱㄱ!!

1898년 4월, 《독립신문》과 독립협회는 의회제 도입 여론에 군불을 때기 시작.

우리도 이제 문명개화
정치 시스템 합시다?!

그런데 러시아 공사관에서는 서재필에 대한 비토 공작을 진행, 한국 정부와 미국 공사관을 압박.

러시아와의 관계 생각하면,
대놓고 안티 러시아 운동
벌이는 저 검머외는
정리해주셔야죠?
러시아 공사 마튜닌
미국 공사 알렌

ㅇㅇ,
재필이 그놈은
어찌나 나를 혐오하는지
표정 관리도 안 하더라.
서재필을
중추원 고문에서
해촉~!
MY EMPIRE
MY COFFEE

1898년 5월,
서재필은 중추원 고문에서 해촉되어
미국으로 돌아가게 된다.

아이고~! Dr.서!!
대업을 남겨두고
어찌 가신단 말입니까~!
Sorry, 월급 안 나오면
조선에 있을 Reason이
없어요.

But, 조선에 심은
Democracy의
불씨는 이제 크게
Burning할 것이다.

과연 만민공동회는 이후 오늘날의 시청 광장에서 자발적으로 계속되며 세를 키워나간다.

백정도 애국하오!

아직도 노비 부리는 집이 있다니 미개하오!

노상 배변을 삼갑시다!

만 단위의 사람이 모여서 사회, 정치 문제를 토론하고, 사안별로 대표를 뽑아 나라에 이르도록 하는 근대 시민 정치의 풍경이 급진적으로 전개되다!

대체로 수구파(근왕파) 정권 각료들에 대한 비판이 메인 테마였지요.
정치를 좀 문명적으로 하시오!
하, 독립협회놈들이 만민공동회 부채질해서 정파 공세질인가…;

또한 열강의 이권 탈취에 대한 규탄이 주요 논제.

1890년대 후반,
금광, 탄광, 벌목 등의 사업권을
외국 사업가들이 주르르 따갔는데요.

근데 사실 딱히 크게
이득 본 사업들은
별로 없었고…

이 시기에 일본이
경인철도 부설권
이따다키마스.

그중에서 드물게
초대박을 친 사업이
바로 운산 금광이었습니다!

알렌의 로비로 평안북도 운산의
동양 최대 금광 채굴권이
미국인 사업가 모스에게 불하됨.

수익 배분은
75%를 회사에
25%를 한국에.

한국 황실에
커미션이 두둑이
들어갔으니 불만은
없으실 겁니다.

No touch!
No touch!

노타치~ 노다지의
그 운산 금광.

이후 40년간 약
1500만 달러어치의
금이 채굴되었다지요.

아, 진짜, 아무리 백성이
무지해도 외국인들이 저리
나라 자원을 헐값에 퍼가는 꼬라지에
어찌 속이 터지지 않겠소이까?!

이런 공분을
만민공동회로
한데 모았으니-

1898년 여름, 거의 매일 종로 광장을 메운
만민공동회 정치 매니아 민중의 세력은
일찍이 없었던 강력한 민의의 실체화!

만
공
동
민

뭔가 근대적인
시민 정치 세력
같아서 두근거려요!

쿳; 독립협회놈들에게
선동당한 무지한
백성이 떼거리 파워로
근왕 충신들을 압박하는가;;

근
수
구
왕

1898년 7월,
수구파에 의해
황국협회 창설.
하면, 근왕파도
백성 파워로
맞서야지요.
황국협회

홍종우, 원세성 등이 주도.

봉건적 특혜 폐지로
어려움을 겪던 보부상 조직을
그대로 황국협회 조직으로 전용.
서양빠, 일빠
개화쟁이들
다 조져야지요.
높으신 분들 따르면
뭔가 먹을 게 생기지.

을미의병 출신들도 대거 참여.

황국협회는 각종 관제 행사에 동원되며
황실에 대한 충성과 세를 과시.

황제 폐하 만세!!

이 또한 나름
근대적인 양상이라
볼 수 있겠지요.

Meanwhile
1898년 7월,
모종의 거사가 모의되고.

…어떻게 천하가 뒤집혀도 당신 손아귀의 전제 권력을 놓지 않으시려는 폐하시니…
폐하를 어떻게든 치워야 의회제든 뭐든 개혁을 진행할 수 있을 것이오.

독립협회 초대 회장
중추원 일등의관
안경수

안경수, 김재풍, 이충구 등이 황태자 대리청정(혹은 양위) 계획을 모의.

폐하께서 너무 오래 권좌에 계시느라 고생하시는데, 이제 좀 쉬시는 게 어떨지에 대해 여러분의 서명을 받고 있습니다.
황태자께서도 이제 충분히 나이(24세)가 차셨으니…

뭐라는겨,
이 역적놈이!!
어이쿠, 이게
불법이었나?!;

음모는 조기에 경무청에 발각되고.

김재풍, 이충구 등 검거.

뭐, 이럴 때면 항상
다들 이렇게 튀더라고요.

안경수는 잽싸게 일본으로 망명.

…하…
독립협회놈들 뱃속이
역심으로 시꺼멓다는 건
내 짐작하고 있었다.
독립협회
어; 어; 안경수와 저희는
아무 관계도 없습니다요;;

독립협회든 뭐든 간에
정변은 계속 일어날 거 같은데…
어리버리한
김치 솔저들 믿고
있다가는 또 당하겠지…
PMC
음? PMC?

1898년 8월,
상하이의 서양 용병 30명을
황제의 경호 부대로 고용.

진작에 고용했으면
와이프 살아계실 것을.
연봉은 금화로
지불해드립니다~

에에?!?
이 무슨 쪽팔리는
처사이옵니까?!!
황제의 안위를
양놈 용병들 손에
맡기다니요?!
저 깡패 비슷한 놈들이
서울에서 제대로
통제가 되겠습니까?!?

독립협회-만민공동회에서
이 조치를 극렬 반대.

용병 경호 부대
계획 취소.

아오!@#$!@!
그래, 안 한다,
안 해!!

9월, 용병들에게 1년 치 급료를 주고 계약 해지.

폐하께서는 외국인들에게
의지하지 마시옵소서!
저희 신민이 충심으로
보필하겠나이다!
만세~!
더 잘 보필하기 위해
의회가 필요할지도…

으으음…
저 독립협회 포퓰리스트놈들이
백성을 선동하고 정권을
엿보는 것이 도를 넘습니다요.
저들의 데모크라시
획책에 어떻게든
대비를…

뭐, 일단은 저 독립협회놈들이
서양인들의 이쁨을 받고 있고…
만민공동회 무리는 머릿수가 많고…
어쩔는지…
오늘따라
커피 맛이?

커피
맛이?!!?

제 8 장

Poison Coffee

아 ㅅ#b;;
백성을 위해
일하고 있었는데
미치겠다…

1898년 9월 11일,
대한제국 고종 태황제 이재황 & 황태자 이척

사망

황제 붕어~!!!

아이고~! 삼촌 폐하~!! ㅠㅠ
그러게 진작에 보위 넘기셨으면
이리 비명에 가시지 않았을 것을~

이 나라는
제가 다 알아서
맡겠사오니 편히
눈감으소서~

일본에 있던 이준용 급거 귀국.

워~ 워~! 김칫국 스톱!!
황태자 전하의 이복동생인
의화군 전하가 계신데 누가
감히 황위를 엿본단 말이오?!

종친회장 이재순　고종의 서자 의화군 이강

아니, 조선땅에
서자가 대를 잇는
법이 어디 있누?

저번에 개혁 입법으로
적서 차별 철폐한 거
기억 안 남?

이에 차기 황위를 놓고
내전 양상 전개.

의화군파　이준용파

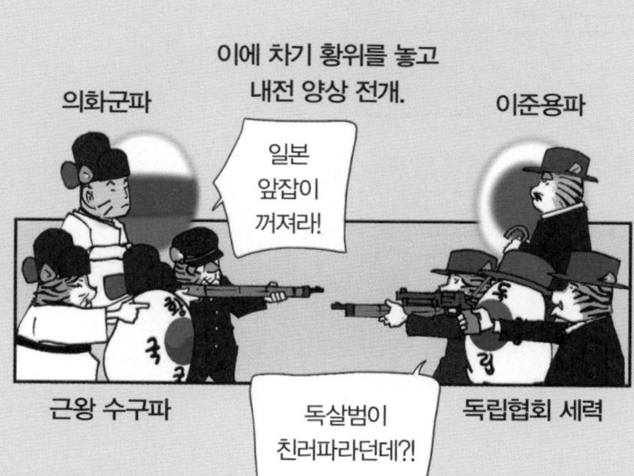
일본
앞잡이
꺼져라!
독살범이
친러파라던데?!

근왕 수구파　독립협회 세력

이에 러시아와 일본 개입.
이번 기회에 확실하게 나와바리 정리합시다.

그리하여 북위 39도선을 경계로 한반도 남북 분할.
땅은 일본 쪽이 더 가져가는 대신,
러시아 세력권
평양
서울
일본 세력권
황위는 의화군이 계승하고, 서울도 러시아 세력권으로 한다.
이준용은 수원에 영왕 정권을 수립한다.

그리하여 한반도에 펼쳐지는 멀티버스-남북조 유니버스.
그딴 멀티버스는 필요없어!!
우리 우주-이 시간선에서 대한 황제는 죽지 않는다!!

황태자는 독이 든
커피를 원샷해
이빨이 다 빠질 정도로
크게 몸이 상했지만,
커피 맛을 아는 과인은
맛의 이상을 감지하고
바로 뱉어 무사했노라.
언놈 수작인지 바로
잡아오도록.

경무사 민영기
황실 주방 인원들
싹 다 모아서
뭔가 나올 때까지
검색엔진 돌리도록.
인사해. 우리
검색엔진
'지글'이야.
끄아아악!!!
그 셰퀴가
시켰어요!!!

…그렇게 경무청의
첨단 수사 기법으로
사건의 진상을 신속하게
파악할 수 있었습니다.
WiS
DoM
경무청 수사 결과 발표

사건의 기원은
10여 년 전으로
거슬러 올라갑니다.

함경도 경흥의 어부였던 천민 김홍륙은
깎 델라!
Как дела
: How are you
일찍이 접경의 러시아인들과
교류하며 러시아어를 익혔고.
응? 깎아달라?
러시아
전문가면
좋겠는데~
그 러시아어 능력으로 벼슬을 얻어
서울에 입성할 수 있었고.
아, 저
주캐가
자리야임.
아관파천 시기에
러시아 공사관에서
임금의 통역을 도맡으며
큰 신임을 얻게 된다.
푸틴이
15세면…
피푸틴.
귀족원경, 한성판윤 자리까지 오른
김홍륙은 그 권세로 감투를 뿌리고
재산을 모으는 데 큰 수완을 발휘.
돈 쓸어 담기!
러시 안 캐시!

그런데 1898년 봄, 절영도 조차 무산 사태로
러시아가 한국에서 손을 떼기 시작하면서—

빠카~!
Пока
: Bye
일본어
같은데?!

점차 끈 떨어진 연 신세로 전락.

…사실 쟤 통역이
제대로 된 통역은
아니었지…
저 양반이랑은
같이 일하는 거
없습네다.
이제 그 비리들을
청산할 시간.
러시아 공사관도
김홍륙과
선을 긋고.
탄핵 상소가
빗발치기 시작.

흑산도 가시면
지역 명물
흑Sand위치
드셔보세요.
결국 1898년 8월,
對러 교역을 주관하며
거액을 착복한 혐의가 드러나
흑산도 유배형에 처해진다.
크읏, 망할 임금이…
내가 그렇게 충심을
다했는데…

흑산도로 떠나기 전, 김홍륙은 궁궐 주방의 지인 공홍식에게 황제 독살을 의뢰.

이 아편 엑기스를 폐하가 마시는 커피에 타주게.
오, 정말 좋은 아이디어네요.

공홍식은 임금의 커피 담당인 김종화에게 아편을 건네고.

거사가 성공하면 은 1천 원 준대.
오, 정말 개꿀 미션이군!

커알못 임금이 이거 좀 넣는다고 알아차리진 못하겠지.

이것이 바로 '김홍륙 독다사건'의 진상!!
이제 바로 범인들을 처형하도록.
아, 잠깐만요. 제가 수사해본 바로는 사건이 좀 애매한데요.
사건 담당 검사 함태영(26세)

일단 주범인 김홍륙이 혐의를 완강히 부인하고 있는 가운데-
아니, 생각해보소! 내가 임금을 죽이는 게 무슨 득이 있겠소?!!?
그리고 죽인다면 그런 바보 같은 방법이 아니라 좀 더 확실한 수를 썼겠지!!!

공범인 공홍식과 김종화는 감옥에서 누군가에게 칼로 습격당하고, 아무 말도 하지 못하고 있습니다.
으버버버버브버;;

러시아 공사관에서도 김홍륙의 범행 가능성을 부인하고 있습니다.
그 친구가 양아치긴 하지만 약삭빠르고 계산에 밝은 인물인지라, 그런 막가파 범죄와는 이미지가 안 맞아요.
러시아 공사 마튜닌
그리고 러시아식으로 차에 뭘 넣는다면 아편이 아닌 좀 더 최첨단 소재를 쓴답니다.

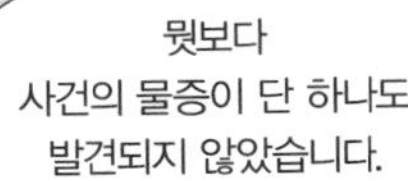
뭣보다
사건의 물증이 단 하나도
발견되지 않았습니다.

아편도 없고, 돈도 없고,
심지어 폐하께서 직접 손에
들었던 머그컵도 어디론가
사라졌습니다.

오로지
공홍식과 김종화의
진술만으로 유죄를
확정짓는다니,
근대 증거재판주의 어디?
…
진술과 정황상 이미
명약관화야.
자넨 이 사건에서
빠지게.

뭣보다, 윗전의 뜻이
빠른 처결에 있기에—
당장 그 미친
러뽕 역적놈을
찢어 죽이지 않고
뭘 꾸물거리는가?!
하, 사람 이름이
어떻게 홍6.
동생은
홍7일까요.

그리하여 1898년 10월 10일, 김홍륙과 공범 공홍식, 김종화 3인 교수형 집행.

그래도
문명개화라서
참수가 아니라
역넥타이형이죠.

으음…
으으으으음…

그 사건은
아무리 생각해도 분명
다른 뭔가가 있었던 것 같아.
수상한 인간들도 좀 있었고…

훗날 대한민국
3대 부통령 함태영

함태영은 평생 김홍륙 독다사건에
다른 진상이 있었을 것이라 여겼다고.

처형된 역적들의 시신은 분노한 백성에 의해
갈기갈기 찢겼는데.

역적 코
Get!

이는 또 다른 정치적 격변의
트리거로 작용하게 되었으니.

으어; 미개하다;
미개해~;;
독
립

굽씨의 오만잡상

검사 출신 정치인에 대해 이런저런 견해들이 있습니다만, '대한제국' 검사 출신인 대한민국 3대 부통령 함태영 선생은 실로 우러러볼 만한 인물이지요. 서울대학교 로스쿨의 뿌리라는 법관양성소 1기 졸업생으로, 20대에 검사 및 법관 이력을 시작합니다. 그러다가 한일합방 후 일제의 관직 제의를 뿌리치고 사직해 3·1운동에 민족 대표로 참여하지요. 그 때문에 옥고를 치른 후에는 기독교계 민족 계몽운동에 전념, 장로교회 목사 안수를 받습니다. 해방 후에는 심계원장(감사원장)과 부통령을 지냅니다. (함태영이 젊은 시절 독립협회 사건을 맡아, 독립협회 편을 들어준 것이 이승만과의 인연이랄 수 있겠습니다.) 함태영의 10남 함병춘이 대통령 비서실장을 지내는 등(아웅산 묘소 테러 사건으로 순직) 그 후손들도 관계와 학계의 높은 자리에 이름을 남겼습니다. (강릉 함씨 32대손 함필규 씨와는 별 관계가 없는 듯합니다.)

이러한 함태영 선생이 고종 독다 사건의 담당 검사로서, 그 사건의 실체적 진실이 밝혀지지 않았다고 이야기했으니, 백몇십 년 후의 우리가 그 사건에 대해 어찌 명확한 전말을 알 수 있겠습니까. 과연 범인을 제대로 잡았는지, 다른 진상이 있다면 무엇이었는지, 과연 누가 이 사건으로 이득을 보았는지….

이 흥미롭고 괴이한 사건에 커피라는 이국적 소재까지 얽혀 있는지라, 이를 소재로 한 영화가 나온 적도 있습니다. 2012년에 개봉한 영화 〈가비〉(커피의 옛말: 가배, 가비, 가피)는 실제 역사와 많이 다른 퓨전사극·첩보·액션물로 나왔습니다. 나름 참신한 설정과 배우들의 열연이 돋보이긴 했지만, 이야기로서는 조금 별로였는지, 흥행에 이르지는 못했지요.

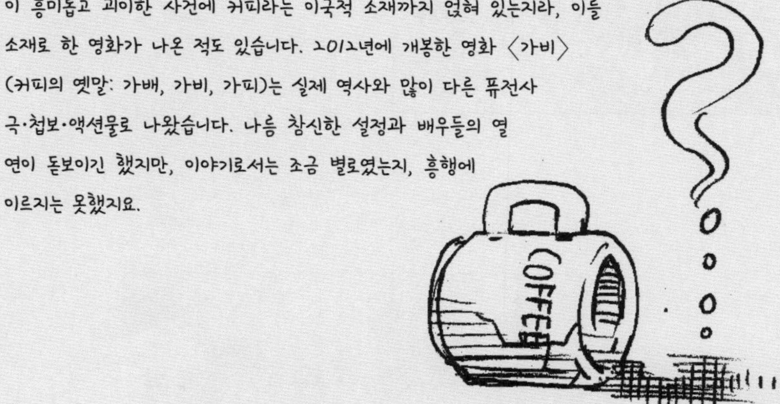
COFFEE

제 9 장

10월 Movement

탄핵

헌법
의회
미개국 백성은 전제군주의 예속민일 뿐이지.

19세기 말, 개화한 문명국으로 인정받기 위한 정치 시스템은 역시나 입헌 의회정치.

데모크라시!! 서구 근대 이성의 정수!!
투표, 선거를 통한 합리적 정치!
개개인의 가치와 권리가 존중받는 정체!

So, 독립협회 세력은 1898년 봄부터 이미 언론과 토론회를 통해 의회제 도입의 군불을 때오고 있었고.

의회
독
옆집 일본은 예전부터 입헌 의회정치 도입하고 이번에 민당이 정권도 먹었다더라.

워~ 워~ 의회라는 건 조선땅의 민도로는 아직 100년은 이른 이야기입니다.
독립협회당이 임금의 권력을 헐어 나눠 먹으려는 속셈일 뿐이죠.
데모크라시의 나라 프랑스 핏줄인 르장드르 씨가 그런 시각을?
아, 뭐 프랑스에도 아직 찐 왕당파가 드글드글합니다요.

의회회훼훼ㅎㅎㅎㅎㅎㅎ~

입헌군주제의 군주는
결국 실권 없는
장식 인형일 뿐.

개화당의 찌끄러기인
독립협회놈들이
의회를 장악하고 국가권력을
자기들 손에 쥐려는 속셈이렸다.

그놈들이 임금을 어찌 여기는지는
이미 그 뱃속을 까내 보인 지 오래.

이 시기 최정식이라는 자가
만민공동회에서 연설하기를—

외국에 이권 다 넘어가고
나라 개털된 거,
솔직히 주상이
가장 트롤 아님?

으어;;;

대놓고 황제를 비난한
최정식은 투옥되었다가
훗날 탈옥을 시도해 처형.

다들 속으로는
맞말이라
여기는구먼.

뭐, 일단은 윗전의 눈치를
살살 살피면서
의회제 지를 기회를
엿보고 있습니다.

수
근
왕
구

독
독
의회

일이 되려면 일단
정권을 쥐고 있는 저
친러 수구파(근왕파)들을
싹 다 날려버려야…

어으;;
처형 후 처리가
너무 미개하다;

그러다가 1898년 9월에
김홍륙 독다사건이 터지고,
10월이 되자 주범들에 대한 신속한 처형 집행.

이는 독립협회–만민공동회 계열
여론을 뒤숭숭하게 뒤집어놓았으니.

뭣보다 부실한 수사에
의혹이 아니 생길 수
없고…

그 과정에서 용의자들과
가족들에게 가혹한
고문이 행해진 것도
개탄스러운 일이고…

결정타는 법부대신의 오버질로
터져 나왔으니.

법부대신 신기선

이리 흉흉한 사건들이
터지는 건 갑오개혁으로
형벌이 너무 가벼워져서인 듯.

(아마도 임금의 의중을 받들어)

갑오개혁 때
연좌제가 폐지되었는데,

이번 사건을 계기로
노륙연좌법을 부활시키도록
하겠습니다.

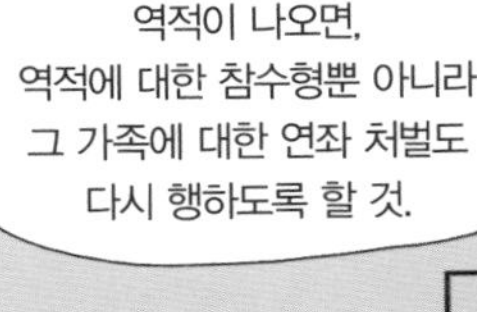
역적이 나오면,
역적에 대한 참수형뿐 아니라
그 가족에 대한 연좌 처벌도
다시 행하도록 할 것.

연좌제 부활?!?!?

이런 미친
문명 퇴보를 봤나!!
한 명의 죄로
집안 전체를 풍비박산 내는
미개한 연좌제를
20세기 2년 앞두고
다시 시행하겠다고!?!

만민공동회
ㄱㄱ!!

이제 막 문명의 맛을 보고
신문을 읽기 시작한 백성의
법 감정은 예민하게 반응했으니.

정변이 끊이지 않는 시대,
모험가 한 명 때문에 부모, 처자식이
다 절딴 나는 꼴을 봐온 사람들이
연좌제 폐지로 다소나마 안심하고
있었는데,

그 미개 악법을 부활시킨다니
가족 있는 모든 사람이 다
경악하지 않을 수 없지요.

신기선의 똥볼로 민심에
불이 붙었으니 슬슬 심지에
옮겨봄이 어떨는지.

윤치호
남궁억
이상재
남궁형이 그걸
어찌 맡아주시겠소?

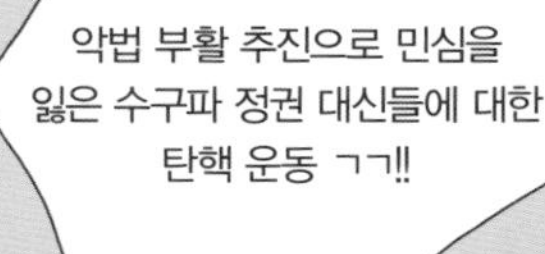

악법 부활 추진으로 민심을 잃은 수구파 정권 대신들에 대한 탄핵 운동 ㄱㄱ!!

의회
독립
수구
쿳, 껀수 잡았구나;;

신기선과 그 당의 미개한 연좌제 악법 부활 획책에 조선 팔도 모든 백성이 저들의 살을 씹고자 이를 갈고 있습니다!!

남궁억, 한치유, 이건호, 윤하영 등이 총대를 맡아 연속 상소 공세.

그 미개한 악법의 언급만으로도 외국인들에게 부끄러워 고개를 들 수가 없습니다!

신기선 등 그 당의 7대신을 파직해 문명개화의 어진 뜻을 밝히시옵소서!!

늙은 의정 심순택 · 법부대신 신기선 · 탁지대신 윤용선 · 종친회장 이재순 · 군부대신 심상훈 · 경무사 민영기 · 농상공부 협판 이인우

이런 개수작을 보았나!!
저잣거리의 민회가
어찌 조정의 인사에
왈가왈부하려 하는가.
황제는 수차례에 걸쳐
탄핵 상소를 물리치고.
탄핵
아, 그러십니까?

1898년 10월 초, 궐문 앞에 모안 만 단위 백성은
만민공동회를 열어 수구파 7대신 탄핵 집회 개시.
7공주파
물러가라!!
백성의
명령이다!

10월 7일부터는 밤샘 철야 농성을 벌인다.
으아;;
잠 좀 자자;;
7대신을
파면하라!!
탄핵하라!!

10월 10일, 외국어 학교 학생들과
배재학당 학생들, 관립 소학교 학생들도
시위 참여.

일어나라!
대한 청년!!
민족영어
제일예쁜 배재터
자주일어
역동불어
열혈노어

학생운동 지도자
이승만

아오; 나라에서
학비 대줬더니만,
머가리 피도 안 마른
애새퀴들이 데모질
처싸질러?!?

수구파 대신들
물러날 때까지
샷다 내립니다.
촤르륵
수구파
퇴진까지
휴업!

독립협회 산하 황국중앙총상회
상인들은 연합 휴업 돌입.

궐에서 쓸 물건,
식료품도 살 수
없으리다~

미친;;
이거 민란 아님?;;
군대로 밀어버릴까;;;
와글와글

문제는…
시위대 병사들도 저 시위에
동감하고 있다…
정변 터질 때마다
군인들 갈려나가서
가뜩이나 군인들이
정변 후 처리에
민감한데…
'시위대'가 '시위대'에
합류할 수도;;;
연좌제 부활이라니,
법부대신 머리에
총 맞았나…
안 맞았으면
우리가 한 방
먹여주자고.

뭣보다 서양인들–
각국 공사관이
저 시위에 매우
동정적인지라…
와, 조선땅에서
봉건 악법 부활 반대
시위가 일어나다니,
진짜 20세기가 오긴
오려나 봅니다.
눈치 보여서 강경하게
대응할 수가 없다;;
쓰레기통에서
장미가 피다니,
장하네요.

폐하~!
그냥 충량한
백성의 목소리를
들어주세요~!
하…
큿, 그래
너네가 이겼다.
민심이 천심이다.
황제 폐하
만세~!!

1898년 10월 12일,
친러 수구파(근왕파) 7대신 모두 퇴진.

수
근
구
아관파천 이래의
친러 근왕파 정권이
2년 반 만에 붕괴;;;

이어서 박정양을 정부 수반으로 하는
친독립협회 정부 수립!

3차 박정양
내각인가…
의정 서리 박정양
군부대신 민영환

크앗!!! 이겼다!!!
백성이 임금에게
민의를 강요했다!!!!
만세!!!!
조선왕조 500년의
특이점이 왔다!!!
독
독
립
몬가… 몬가
일어나고 있어!@

…각하, 이제
다음 스텝은 예정대로
'의회 설립'
아아, 드디어 오랜
숙원을 이루려는가.
용케 이런 그림이
만들어졌구먼.

이 그림이 만들어지기까지
여러 시행착오와
훈수들이 있었지요.

혹자는 갑신정변이 엘리트들만의
성급한 쿠데타였다고 하고.

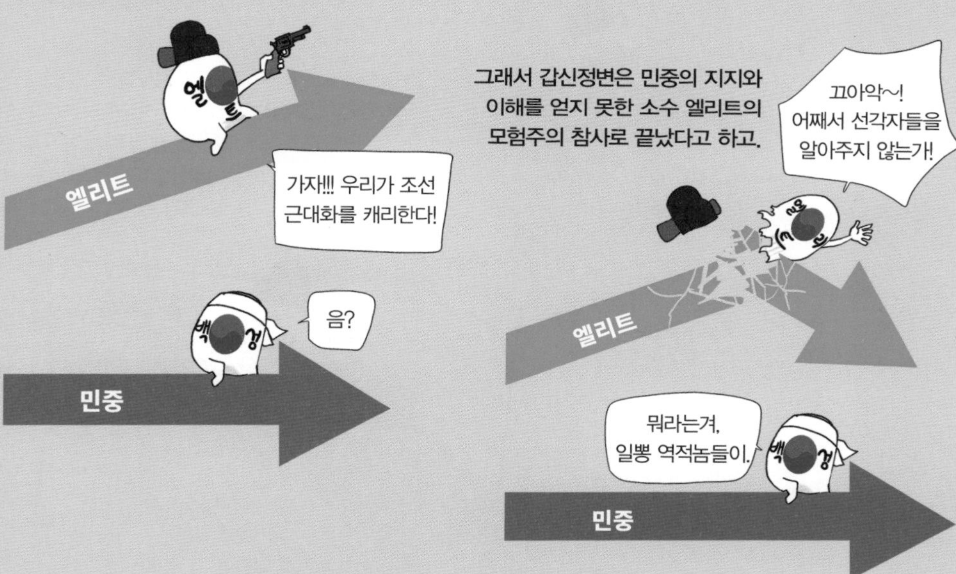
엘리트
가자!!! 우리가 조선
근대화를 캐리한다!
음?
민중
그래서 갑신정변은 민중의 지지와
이해를 얻지 못한 소수 엘리트의
모험주의 참사로 끝났다고 하고.
끄아악~!
어째서 선각자들을
알아주지 않는가!
엘리트
뭐라는겨,
일뽕 역적놈들이.
민중

혹자는 동학농민운동을 논두렁 감성으로
뭉친 민중의 설계도 없는 한풀이였다고 하고.

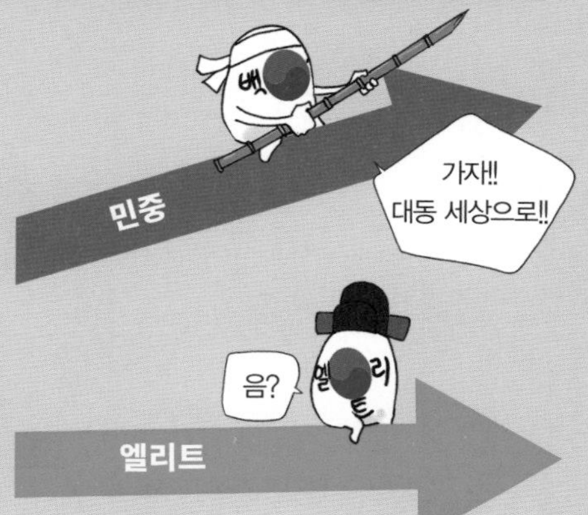
민중
가자!!
대동 세상으로!!
음?
엘리트

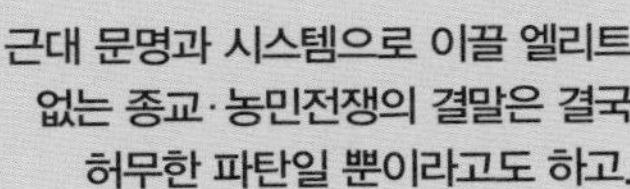
근대 문명과 시스템으로 이끌 엘리트
없는 종교·농민전쟁의 결말은 결국
허무한 파탄일 뿐이라고도 하고.

끄아악,
민초의 한과
소망이 봉건 주구와
외세에 짓밟힌다!

백
민중

엘리트

뭐라는겨,
컬트 집단
비적 떼가.

그 참사들을 넘어!!
독립협회 **엘리트**가 신문과 계몽운동으로
만민공동회에 모인 **민중**과 힘을 합쳐
뜻을 이루는 그림이 드디어
나오게 된 것입니다!!!

똑똑한
선생님 말씀이
맞는 것 같습니다요~
ㅎㅎ

엘리트

민중

충용한 자네들의
의기로만 일을
실제로 이룰 수 있다네~
ㅎㅎ

도저히 풀리지 않을 것 같던
조선 문명개화의 퍼즐을
우리가 드디어 푼 것 같아요!!

하하하하~
엘리트
민중
호호호호~

뭐라는겨…
왕권
…조선 땅에서
제일 센 화살표가
뭔지에 대한 이해들이
부족한 거 같은데…

제 1 0 장

입법의 가을

초청장
초청장
초청장
초청장
초청장
초청장
독
협
립

1898년 10월 15일, 독립협회 총대위원들이
중추원 관제 개정안(의회 설립안)을 정부에 제출하며
의회 설립 논의 시작.

유맹
안영수
남궁억
현재 중추원은 보직 없는 관리들을 대충 모아놓은 곳인데…

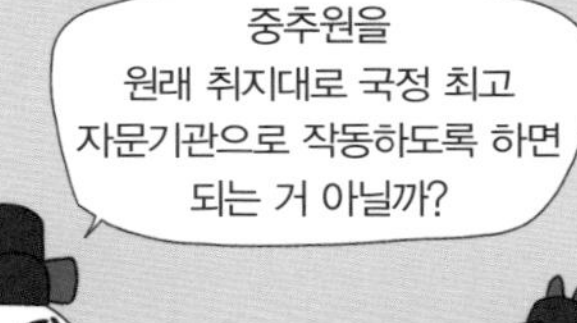
중추원을 원래 취지대로 국정 최고 자문기관으로 작동하도록 하면 되는 거 아닐까?

정부
정부
중추원
운전에 조언 좀 해보쇼, 중추원님들.
….
ㄴㄴ, 우리 민회의 뜻은 자문기관을 넘어 인민의 뜻을 대변해 국정에 직접 참여하는 **의정**기관을 만드는 것입니다.

어어;;
정
원
운전대를 중추원도 같이 잡겠소이다!

명확하게 말하자면,
중추원을 서양의 '의회'로
만들자는 겁니다.
헉; 나왔다!!
데모크라시;;

이 서양 의회란 게 **'상원'**이 있고
'하원'이 있는데,

상원은 대충 귀족이나 원로로
구성되어 국가의 대계를 논하며,
하원은 인민이 뽑은 대표로
대충 세금과 법을 논합니다.

우리 **중추원**은 일단 서양 의회의
상원 역할을 추구하도록 합니다.

중추원

그리하여 중추원이 정부의 정책과 법안을 '의정'토록 하는 겁니다.
본격적인 의회라기에는 뭔가 애매하구먼…
(구체적으로 입법권과 예산 심의권을 명시하진 않음)

상원은 그리 만든다 치고, 전 국민이 직접 뽑는 하원도 만드나요?

어… 음; 전국 보통선거 하고 하원을 굴리기에는 아직 시기상조임;;
백성의 민도나; 정치적 여건이나;;

영국 왕, 프랑스 왕 모가지 날린 의회를 만들겠다고?!;
폐하께서 너무 겁먹지 않으시도록 천천히, 타협적으로 의회 건설을 추진해야 하니 하원은 아직 무리.
짐 이즈 어프레이드;;
아휴, 하원은 안 해요! 안 해~!

뭣보다 독립협회–만민공동회의
세력은 서울에서만 기세등등할 뿐,

조선 팔도 전 지방은
여전히 유림 세력이
장악하고 있음이니.

지역 유지와 의병장들이
저 역당놈들 데모크라시
수작을 두고 볼 것 같으냐?
선거? 썬 거 만들어준다.

어으; 혹여 하원
선거가 성사되도
유림에게
개박살 나겠지;;

뭐, 그래서
독립협회의 지방 체인 육성에도
공을 들이고 있습니다.
독립협회
평양
대구
의주
목포
공주

과연 유림의 반발 상소가 빗발치고.

저, 저 독립협회라는 역당놈들이
민회로 어리석은 서울 백성을
모아 임금을 겁박해 대신들을
몰아내더니만, 이제는 진짜 데모크라시의
검은 속내를 드러내고 있습니다!!
이는 결국 법국민변(프랑스대혁명)으로
이어졌던 참람한 테크트리이옵니다!!

이에 힘을 얻은 황제는
10월 20일에 살짝 반격을 시도.

서울이 적잖이 소란스러우니
도성 내 집회와 시위를
금하도록 하라.
집회·시위 통제라니,
이 또한 근대적이옵니다.

하지만 이 집회·시위 금지령에 반발한
백성이 경무청 앞으로 몰려가 시위.

여기서 시위하는
우리를 잡아가라!!
백성과 함께하는 제국 경찰
그, 금지할 뿐이지
잡아 가두지는 않아요;;
POLICE

순검들이 감히 시위 인원을 잡아가지 못해
집회·시위 금지령은 유야무야.

그 와중에도 정부와 독립협회의
의회 설립 협상은 계속되어-

중추원을 의회로
개편하는 구체적 방안을
가져왔습니다.
중추원 책임자
한규설
독립협회장
윤치호
이상재

일단 중추원 의회의 의관 총수는 50명으로,
그 임기는 1년으로 한다.

중추원

총원의 절반인 25명은 폐하께서
임명하는 칙선으로.

…이 정도면
괜찮을지도?

칙선
25석
민선
25석

나머지 절반 25명은
민선으로.

…현재 조선에 민회는
독립협회뿐이므로 독립협회에서
민선 25명을 다 내겠습니다.
독
회

아니, 잠깐, 조선에
민회가 독립협회 하나라는 건
그쪽의 주장일 뿐이고.

황국협회도 엄연히
백성인 보부상들이 만든
민회 아녀?

엑?!

So, 황국협회에도
민선 의원 TO를
좀 줘야지요.

아, 저요?;;

아니;;

칙선
25석

독립협회
17석

황국협회
8석

적당히 타협해서
민선 25석의 3분의 1인
8석은 황국협회에…

칙선 25석에 황국협회 8석
더하면 33석!

하! 그냥 전체 의석 3분의 2를
근왕파가 먹겠다는 거잖소이까!!

황국협회
독립협회
황제 칙선

저런 용역 깡패 집단에
의석 줄 거 같으면
걍 민선 25석 다
황국협회 주소!!

10월 25일, 협상 파투 위기에
황제는 윤치호를 직접 불러 면담.
그쪽 말하는 거 거진 다 들어줬구먼, 의석 좀 나누는 거 가지고 판을 다 엎을 셈인가.
…아닌 건 아니옵죠.
거, 데모크라시라는 게 다른 파당의 존재를 인정하는 거 아닌감?
걍 독립협회 일당 정치라면 무슨 의회정치라 하겠는가?
뭐, 황국협회를 인정할 순 있사옵니다만, 관제 단체인 황국협회에 의석 주려면 칙선 의석에서 나눠 줘야지, 독립협회 몫에서 헐면 안 되옵죠.
뭐, 그럼 앞으로 개협회, 소협회 등등의 민회들이 계속 생기면 의석을 어떻게 배분할 건가? 독립협회랑 다 등가로 쳐줄 건가?
아, 그건 일단 이 다음 회차 중추원 구성 때 생각해봅죠~

그런데 황국협회에서는
일단 중추원 참여 거부가
중론이었고.

아니, 근데 이건
황국협회 얘기도
들어봐야…;;

독립협회놈들 의회 놀음에
장단 맞춰주지 마!
으음;; 차라리 먼저
하원 구성을 요구하면
어떨까.
전국 단위 선거
조직 대결이라면
보부상 조직이
유리할지도.

뭣보다 중추원에 의관들을 보내놓았다가
학식 없음을 드러내면 비웃음을 살 것이니;;

독립협회 의관 측에서
필리버스터를 신청했습니다.
어; 버스터콜은
아는데…;
풉;

강, 중추원 의석
안 받겠시다.

황국협회는 일단
중추원 의회에
참여하지 않기로 한다.

황
회
국
협

이러면 그냥
독립협회 안으로
진행되겠는데?!

이제 거한 이벤트로
쐐기를 박아 넣읍시다!

거국적인
만민공동회로!!!

원래 서양 데모크라시 역사에서
중요한 분기에는 언제나
국민의 총의를 상징하는
이벤트가 있었으니!
만민공동회

1898년 10월 27일부터 종로에서 거국적 만민공동회 개최.

이를 위해 각계각층에
초청장 살포.
초청장
초청장
초청장
초청장
초청장
초청장
독
협
회
립

친독립협회 인사들뿐
아니라 수구파 인사들도
초청하고,

황국협회도
초청하고,

옛 노비, 백정, 광대,
승려, 천주교도,
동학 잔당 등등,

실로 거국적이라 할 만한
국민 대회를 조직하죠.

모두의 만민공동회를
위해 이하의 언행은
삼가해주세요!

▶ 황실 비판 금지

▶ 외국 비판 금지

▶ 국까 발언 금지

▶ 특정인 저격 금지

만민공동회에서 늘상
나오던 얘기들이지만,
이번에는 거국적 국민
총의 분위기를 위해
다 금지했지요.

쉿~!
독
협
회
립

집회 측 추산 1만여 명이 모인
만민공동회가 3일째
이어지고 있습니다!
10.29.
AM 10:15
만민공동회
……
WIS
DOM
인파 수만명 운집
초청장

…뭐, 경들도
초청장 받았을 테니
가보도록 하시오들.
아, 예;;
폐하;;
10.29.
AM 10:15
만민공동회
운집

10월 29일, 황제의 허가로
박정양 이하 중신들이
만민공동회 참석.
어서 와요!
벼슬아치!!

이로써 관과
민이 함께하는
관민공동회!!
조선 정치사
마지막 클라이막스다!
Honey 6조?

이날 관민공동회에서
헌의 6조를 채택해 품의하다.

제 1 1 장

반전의 아침

독

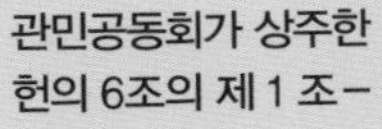
관민공동회가 상주한
헌의 6조의 제 1 조–

"외국에 의존치 않고 전제황권을 공고히 할 것."

흠, 요건 괜찮은 얘기네.

ㅇㅇ, 폐하 비위 맞추려고 제1조로 넣은 거임.

제 2 조–

"광산, 삼림, 탄광, 대외 차관, 외국군 요청 등–

–외국과의 모든 조약에는 외부 대신과 중추원 의장의 합동 서명이 있어야 함."

조약
정
부
부
원

의회가 외국과의 조약 비준권을 갖는 거죠.

제 3 조–

"국가의 모든 재정은 탁지부에서 일괄적으로 주관하고, 그 예산과 결산을 인민에게 공표할 것."

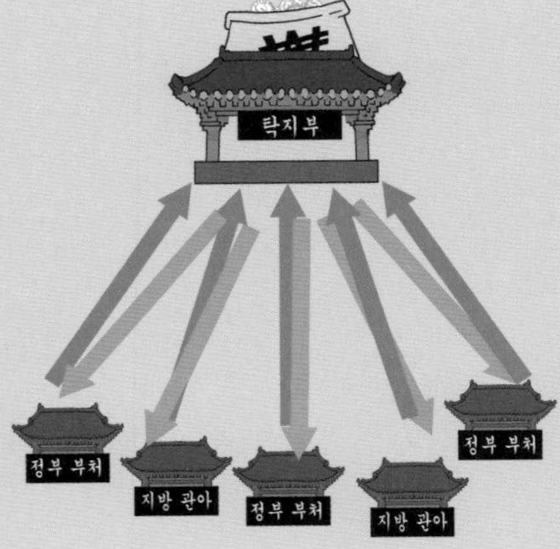
탁지부
정부 부처
지방 관아
정부 부처
지방 관아
정부 부처

제 4 조 –
“모든 중범죄 재판은 공개 재판으로.
충분한 항변과 설명.
납득과 자복.

변호권과
증거재판주의.”

네 죄를
네가 알렸다?!

모르겠는디요.

모르면 잘 알려드림.
증거물 1호, CCTV
영상입니다.

CCTV

아, 이제
잘 알겠네요~
데헷.

제 5 조–
“칙임관은 황제가
정부에 자문해 각료
다수 의견을 따라 임명.”

군주의 인사권을
어느 정도 정부가
가져와야지요. ㅇㅇ

제 6 조–

“장정을 실천.”

장정

중추원의 의회 역할 등이 기재되어 제정될 이 장정이 사실상 미니 헌법 역할을 하게 될 것이다!

박정양 등 관민공동회에 참석했던 대신들이 이 헌의 6조를 황제에게 상주.

…이렇게
하자는뎁쇼?
HONEY
6
……

……
백성의 뜻이 그렇다면
그리하도록 하라.
10월 31일,
황제는 조칙 5조를 내려
헌의 6조와 중추원 장정을
받아들인다.

대충 중추원 열고, 민회와 신문 관련 규정 만들고, 지방관 고소 가능, 민폐 척결, 상공학교 설립한다는 내용.

그리하여 1898년 11월 4일,
중추원 장정 공표.

중추원
중추원
개정안

한반도 최초의 의회 개설
공식 발표!!

대충 독립협회에서
상원으로서의 중추원 관제로
제안한 내용 그대로 설립되게 되었고.

중추원

정부
심의
중추원

법률의 제정과 폐지·개정,
의정부 국정 논의,
인민의 헌의를
'심의'한다.

이 '심의'라는 게
좀 모호한
용어이긴 한데…

사실상 입법권, 조약 비준권, 감사권 등을 지닌
근대 의회 상원으로서 충분한
기능과 자격을 지녔다 하겠습니다.

중추원
의회
법

서양인들도 인정해줌.
상원과
하원을 반씩
섞은 듯한
의회군요.
일종의 초기
국민회의가
만들어졌어.

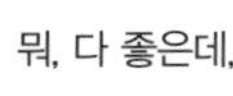
뭐, 다 좋은데,

관
25석
민
25석

저 민선 의석 25석을
독립협회에서
다 가져간다는 거…

르장드르

독립협회가 어떤
공식 절차와 배경을 통해
인민 전체를 대표할 수
있다는 건지??

아, 그야 이제까지는
그런 공식 절차와
배경 자체가 존재하질 않았고,

독립협회가 현재 존재하는
유일한 인민 협회,
가장 큰 민회니까 말이죠.

아니, 그러니까
그 민회 기준이
뭐냐고요.

앞으로 개나 소나
인민 협회 만들면 다
의석 나눠 줄 거임?

그 부분에 대해서는
향후 기준과 절차를 만들어
다음 회기부터 적용합시다.

일단 이번 초대 회기는 독립협회에서 25석 전원을 선출하겠습니다~!
11월 5일, 독립회관에서 의관 선거를 실시하겠사오니 많은 참여 바랍니다~!
독립협회
오오!! 조선 최초의 국회의원 선거!!
오픈 프라이머리인가?
모르겄는디.

그렇게 다음 날의 의관 선거를 준비하는 11월 4일 밤.
중추원 의관 선거 1898. 11. 5
독립관
The sun'll come out tomorrow ♪

Oh, you gotta hang on 'til tomorrow ~♪ come what may ~♬
윤치호

Tomorrow, tomorrow ♪ I love you, tomorrow~♬
남궁억

You're always a day away~♪
이상재

Tomorrow, tomorrow ♪
I love you, tomorrow~♬
You're always a day away~♬

11월 4일 밤.

경운궁

근왕 수구파 대신단 긴급 입궐.

…요원들이 4대문 순찰 중에
이 벽보를 발견해 뜯어 가져왔사오니…

내일 선거를 통해
박정양을 대통령으로,
윤치호를 부통령으로
뽑아 공화제를 선포하자는
역모 선동 벽보이옵니다!!

박 → 대통령
윤 → 부통령
이 → 내부대신
정 → 외부대신
조병식

(예전 함경도 방곡령의…)

으어;;
소오오름;;;

데모크라시 시위꾼놈들!
역심 돋는 거 진작부터
그럴 거 같더라!!

바로 시국 사범 체포
작전을 진행토록 하라!!

1898년 11월 5일 새벽,
경무청 포박대 출동.

하,
또 정변이냐…

집에서 자고 있던 이상재, 남궁억 등
독립협회 지도부 17명 전격 체포.

크악! 닭의
모가지를
비틀어도!!

새벽에 선거 연설문 쓰느라
깨어 있던 윤치호는 잽싸게 도주했다.
어쩐지 이럴 거 같더라!!!

독립협회 해산!
독립관 폐쇄!
독
협
립
읍읍;;

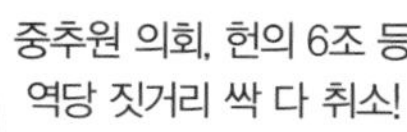
중추원 의회, 헌의 6조 등
역당 짓거리 싹 다 취소!

헌의 6조를 올린
박정양 이하
친독립협회 정부 수뇌진
모두 해임.

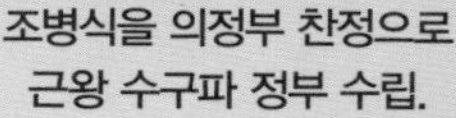
조병식을 의정부 찬정으로
근왕 수구파 정부 수립.

하, 옛날 무슨무슨 사화
사건 조작도 이렇게
뻔뻔하게는 안 하겠다…

그렇게
근왕의 아침이
밝아오고.
밤사이, 한 큐에
시원하게 싹 해치웠어!
짐은 쿠데타 같은 거에
재능이 있는 걸지도? ㅎ

석방하라!!!!

11월 5일 아침, 선거를 위해
독립관으로 모여든 백성은 大충격.
으어어어어?!?!?
독립관
1898. 11. 5
다 취소되었으니
집에들 가쇼.

#$@E%!#!!!
뭐 이런 통수가
다 있소?!!!!
경무청으로
갑시다!!!
백성이 그리
만만해
보이더냐?!!
전직 장교 임병길
고영근
최정덕

분노한 군중이
경무청 앞에 집결.

지도부를
석방하라!!
석방하라!!!
여기서 바로
만민공동회 ㄱㄱ!
으어;; 퇴근도
못 하겠다;;

만민공동회는 철야로
이어지고.

진짜 퇴근
못 하네;;
밤에 그리 개수작을
진행한다면, 밤잠을
없애주마!!
POLICE
우리도 잡아
가둬봐라!!

광화문 대로 곳곳에 모닥불.

철야 집회를 종로 상인들이 지원해
야식으로 장국밥 300그릇이 나오기도 하고.

크어~ 이게 ~~SEX~~
데모크라시지!

각계각층에서 의연금과 지원 물품 답지.

돈쭐내줍시다!
모금함
이거 슬슬
재밌는데?
야식트럭
핫팩

석방하라!
너네도 밤잠 설쳐라!
……
에;; 저;; 군대로 밀어버려도 될지… 각국 공사관과 협의하옵고저…

으어;

제 1 2 장

서울 소요 사태

1898년 11월 7일,
경무청에 수감되어 있던 독립협회 지도부를
고등재판소로 이송.

완력으로 탈취할 수 있지만 참는다!!
창의문
경복궁
북촌 한옥 마을
경무청
경희궁
교보문고
러시아 공사관
미국 공사관
영국 공사관
영풍문고
서대문
경운궁
고등 재판소
롯데 백화점
명동
남대문
이에 따라 만민공동회 시위 장소도 경운궁 옆 고등재판소 앞으로 이동.

뭐, 그래도 11월 8일부터 늦가을비가 쏟아지기 시작했으니, 데모쟁이들 기세가 좀 꺾이겠지?
촤아아

–라는 건 폐하의 충량한 백성에게 있을 수 없는 일이옵니다~!

만민공동회는 비를 맞으며
밤샘 시위를 이어간다.

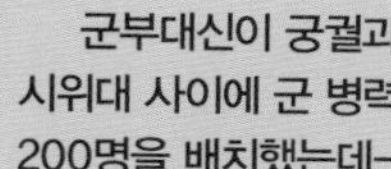
군부대신이 궁궐과
시위대 사이에 군 병력
200명을 배치했는데-

저것들 궐문으로
다가오면 발포해버려!
군부대신 서리
유기환
비 처맞으면서
말뚝 근무?!

11월 9일, 그 200명이
무단 이탈해 돌아간다.

이런 뻘짓을 우리가
왜 하고 있어야 함?
으억?!
올ㅋ~!
선진 병영
문화 창달!!!

…군사들이
제대로 움직이질 않사옵니다…
서양 공사들도 만민공동회
시위를 호의적으로 평하고 있고…
근대 시민운동
흉내, 기특하군요.
으으음…
외부대신 민종묵

쯧,
이건 다 조병식 책임이다.
엎어버리도록 하라.
11월 10일,
조병식 일파를 모두 해임하고
이헌영을 의정부 참정으로 삼아
새로 정부 구성.

하, 폐하…
하폐하폐;;

동시에 한규설이 법부대신 겸
고등재판소 소장으로 착임.

독립협회 지도부에게
집회 금지령 위반에
대한 태형 속전(벌금형)만
내리고 모두 방면한다.

…폐하께서 조금
후달리신 갑네.

11월 10일 저녁,
독립협회 지도부 17인
모두 석방.

이 모두 만민공동회
동지 여러분의 궐기
덕분이외다!!
만민이 승리한다!!

미국인 집에
숨어 있다 나온
윤치호
물론 아직 갈길이
멉니다!!
취소된 헌의 6조와
중추원 의회 설립을
다시 추진해야 하고!
만민공동회
독립협회 강제 폐쇄
조치를 취소
시켜야 합니다!!

만민공동회는 해산하지 않고
경운궁 인화문 앞에서
시위를 이어나간다.

헌의 6조 시행!!
중추원 개설!
독립협회 복설!!
아이고;
아버지;;

어, 그 중추원은 50석 전부를
폐하께서 임명하는 칙선
의회로 개설하는 게
어떻겠소?
개말씀 마시고,
원안대로 칙선 25석,
민선 25석– 독립협회
선출로 가야죠!

정부 대표 **한규설**

만민공동회 대표 **고영근**

아, 그리고 그 조병식이
조작한 익명 벽서 사건도
무고죄로 재판에서
시시비를 가려주십쇼!

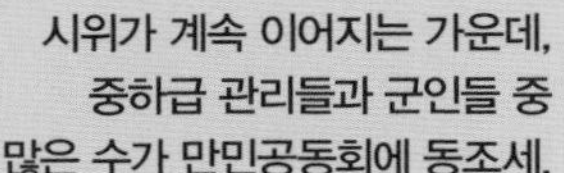

시위가 계속 이어지는 가운데,
중하급 관리들과 군인들 중
많은 수가 만민공동회에 동조세.

솔직히 근대 정치, 근대 관료제 해야 명문 세도가 윗대가리들 다 날릴 수 있을 것.
아오; 저 미래의 관피아 꿈나무들;
독립협회, 만민공동회에 이미 라인 다 꽂았죠~

…이렇게 개판이 된 정국… 이제 진짜 충량한 신민들의 완력을 내보일 때가 된 듯하옵니다.

황국협회 회장 **이기동** **홍종우**

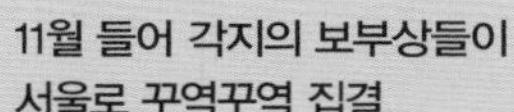

11월 들어 각지의 보부상들이
서울로 꾸역꾸역 집결.

보부상 비상 연락망으로 버스터콜이다.

11월 5일의 독립협회 해산 조치 때
황국협회도 함께 해산 조치가
내려졌는데,

아, 우리는 왜요!!?!
해산 취소 부탁!
황국협
상무규칙 인허해주세요~

보부상들은 황국협회 복설과
상업적 특권인 상무규칙 인허를
요구하며 서울로 상경 시위.

그러면서 종로와 광화문 대로에서
만민공동회와 자리싸움을 벌이며
계속 시비를 놓는다.

아, 역적놈들
꺼지라고!!
역사와 전통의
정치 깡패
등판인가;;

11월 16일,
황국협회 복설과 함께
상무규칙 칙허장이 내려진다.

응, 황국협회는
누구들과는 달리
아주 충량한 애국
신민들의 모임이지.
성은이
망극하옵니다~

이 하해와 같은
황은을 어찌
갚을 것인가~!! ㅠㅠ
ㅇㅇ, 폐하의 은총에
보답할 길은 딱 하나.
명령만
내려주십쇼!
한따가리
쓸어보자고.

1898년 11월 21일 새벽, 종로.

저 불충한 무리가
폐하를 겁박하고
황국의 국본을
뒤흔들고 있다!!

홍종우
본인이 예전에 역적
옥균을 처단해 황은에
보답코자 했던 결의를
여기서 다시 제군들과
함께 나누겠노라!!

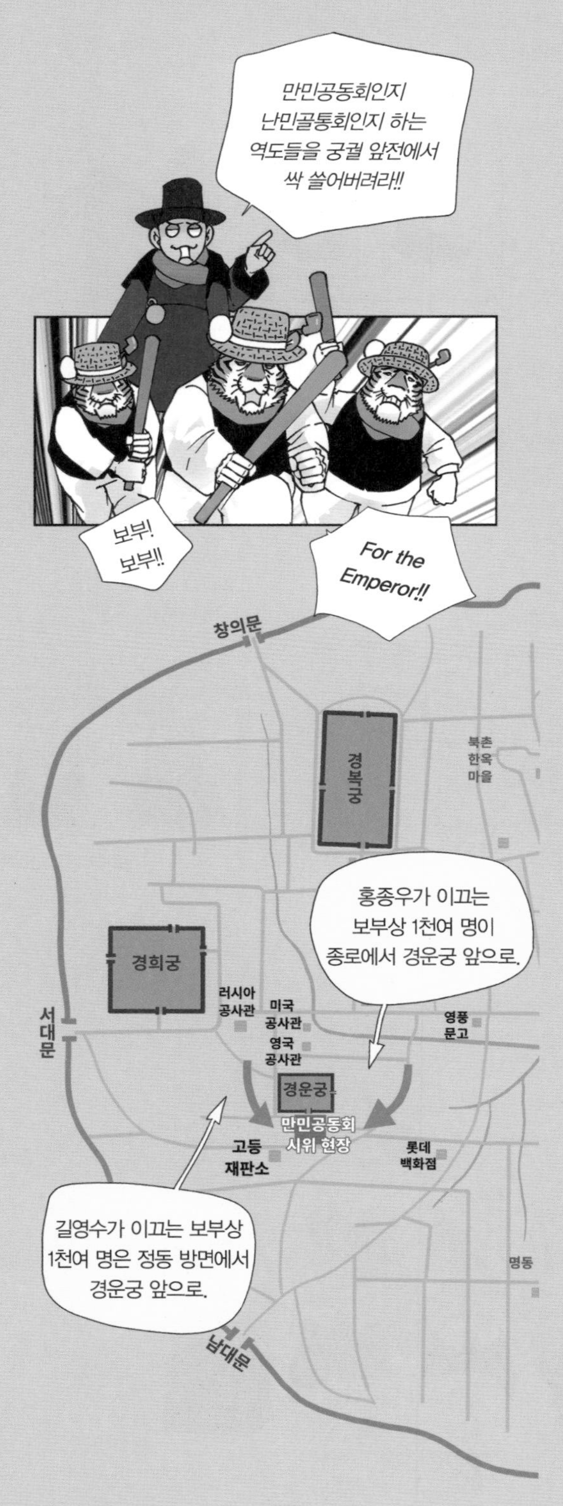
만민공동회인지
난민골통회인지 하는
역도들을 궁궐 앞전에서
싹 쓸어버려라!!
보부!
보부!!
For the
Emperor!!
창의문
경복궁
북촌
한옥
마을
홍종우가 이끄는
보부상 1천여 명이
종로에서 경운궁 앞으로.
경희궁
러시아
공사관
미국
공사관
영국
공사관
서대문
영풍
문고
경운궁
만민공동회
시위 현장
고등
재판소
롯데
백화점
길영수가 이끄는 보부상
1천여 명은 정동 방면에서
경운궁 앞으로.
명동
남대문

제실 만년 황통의
大길지를 저 데모크라시
역적놈들이 틀어막고
있도다!!

왕실 풍수가
길영수

오늘도 철야 시위를 마무리 짓고
아침을 준비하던 경운궁 앞의
만민공동회 시위대는-

Vive
l'Empereur !!

뭔 소리여?

죽어라!
데모꾼놈들!!
보부보부 킥!!
끄악!!
우지끈
역적은 즉살,
패 죽여도 무죄!
이런 미친
바보 상놈들;;

이른 아침의 전격 기습으로
궐 앞의 만민공동회는 박살 나
모두 흩어져 도망갔습니다!
ㅎㅎ~
보부상 홈쇼핑 많이
애용해주세요!
저, 저, 바그너
그룹 같은 놈들;;

이로써 1898년 11월의
서울 소요는 황국협회의
승리로 마무리되었습니다!!

황제 폐하
만세~!!

황국협회는
폐하의 영원한
황구예요~!

보부상이 황국의
중심을 지키고 있어요!!

조식은 궁에서
하사해주신 특식!!
경인궁 표
백반 고깃국!!
그 맛은 125년 후에도
덕수궁 뒷골목에서
찾아볼 수 있다.

아침부터 신명 나게
한따까리 털고 난 후의
고깃국은 실로 색슨!!
음?

제 1 3 장

Riot-무술민란

독립협회

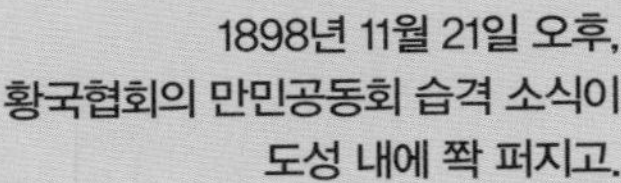
1898년 11월 21일 오후,
황국협회의 만민공동회 습격 소식이
도성 내에 쫙 퍼지고.
보부상놈들 갱에 털렸어요!!

아오, 우리 정글 뭐 함?;;

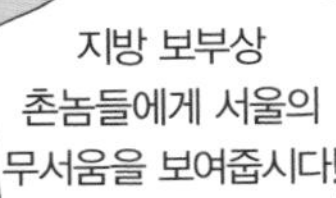
지방 보부상 촌놈들에게 서울의 무서움을 보여줍시다!
ㅇㅇ!! 눈 뜬 놈 코도 베어버리자고!!

역갱 ㄱㄱ!!
11월 21일 오후 2시,
종로와 궁궐 앞 보부상들에 대한
만민공동회의 역습 개시.
보부?!;;

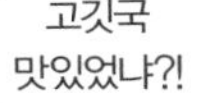
고깃국 맛있었냐?!

그게 최후의 만찬 이었던거야.

니들이 그렇게 싸움을 잘해?!
와장창
으어;; 서울놈들 문약하지 않구나;;
民 X 10000 = 만민 펀치!!!

압도적인 숫자에 밀려 보부상들은
도성 밖 마포로 모두 후퇴.

큿, 지방민의
서러움;;
In 서울은
다다음 세기에나
꿈꿔라!!

(마포의 보부상 요새는
딴딴해서 공략 실패)

우리 만민공동회가
문명개화 시민 의식 창달을
위해 비폭력 시위를
추구했건만,
그
응답이 폭력이라면
이쪽에서 다른 쪽
뺨을 대줄 이유는
없겠지!!

폭력에 폭력으로 맞서며
흥분한 만민공동회 시위는
곧바로 폭동化.

만민공동회 Must go on!!
근데 이제 폭력을 곁들인!!
간신 역적놈들 집
다 때려 부숴라!!

11월 21일 밤늦게까지 계속된 폭동으로
서울의 보부상 상무소와 황국협회 간부들의 집,
근왕파 대신들의 집이 모두 파괴된다.

으어; 서울
밖으로 ㄷㄷ;;
궁궐로
도주;;

헉;; Demo가
이제 Riot으로
발전한 건가;;
Riot!!
패치하라!!

일단 빨리 궁궐 수비를 위해 군사와 경찰을 총동원하시오;;

아, 그게, 저, 폐하;;

군과 경무청의 중간 간부들이 대거 사직서를 내고 출근하지 않아, 조직이 현재 기능 정지 상태입니다;;

정변 많이 겪어보니, 이럴 때는 일단 탈주하고 팝콘 뜯는 게 상책이라는 거.

끄아아아아아아;;;

보부상놈들 똥을 왜 우리가 치워야 함?

아, 저기 알공사…
오늘 집에 아무도 없는데,
와서 자고 가지 않으시겠소?

궁궐 안위를 위해
서양 공사관들에 연락.

ㅎㅎ; 종종
파자마 파티도
하고 그럽시다~;;

온돌, 너무나
오븐인데;;

11월 22일 밤~23일에 걸쳐
서양 공사들이 경운궁에 머물며
황제의 신변을 보호한다.

거, 폐하,
웬만하면 이제 통수
그만 좀 치시죠…

…백성이여, 독립협회
다시 허용해줄 테니
캄 다운~ 캄 다운~ ㅎㅎ;;

11월 22일, 독립협회 복설.

독립협회,
Dog같이 부활!!

역시 물리적으로
접근해야
말이 통하는군요!!

마 미 !!
ㄴ ㄴ
만민!!
mommy!
n n
……
근데
이제 뭐 함?
People Power!

Demo가 Riot이 되고
Riot이 Revolution이 되어
진짜로 혁명 ㄱㄱ?

REVOLUTION

이 기세 그대로
궐문을 깨고 궁으로
진입 ㄱㄱ?!

-라는 건 왕토 조선에서
결코 상상도 할 수 없는 일.

민중 물리력의 최대치는
결국 민란 정도.

어휴, 그저 폐하 주변의
간신배들을 척결코자 하는
충량한 백성일 뿐입니다요~

데모크라시와는
100억 광년 떨어져 있는
노인네지만,

만약 대원군이 1년만 더 살았다면
임오군란 때처럼 대원군을 앞세워
궐문을 깨뜨리고 들어갈 수 있었겠지만.

아들내미 잡으러 가는 거라면
공산당과도 손잡을
양반이니까.

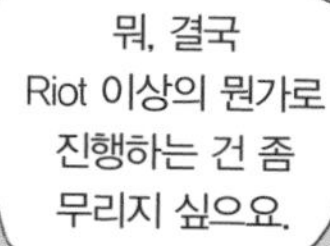
뭐, 결국
Riot 이상의 뭔가로
진행하는 건 좀
무리지 싶으요.
집회 자금도
다 떨어졌고…

Riot만으로 이미 충분히
아슬아슬한
형국이니…

뭐, 이쯤에서 대충 협상해
광장의 모험은 마무리합시다.
ㅇㅇ
ㅇㅋ

1898년 11월 23일,
만민공동회와 정부 간
협상 성사.

1. 조병식, 홍종우 등
수구파 8대신 처벌.
2. 보부상 무리
싹 다 해산.
3. 민의에 부합하는
정부 수립.
ㅇㅋ,
다 ㅇㅋ,
제발 빨리
해산해주라.

그리하여 박정양을 의정부 참정,
민영환을 내부대신·군부대신 서리로
하는 친독립협회 정부 수립.

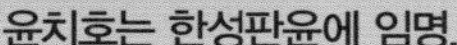

아니, 난 이제
이런 식의 게임은
그만하고 싶은데…

윤치호는 한성판윤에 임명.

1898년 11월 23일 자정,
만민공동회 집회 해산.

이 19일간의 연속 집회는
실로 대한의 역사에
입법의 가을로 길이
남을 것이외다!
동지 여러분의
승리요!!
뭐, 이걸로 일단
해피엔딩각인가?

이제는 우리가~♪
헤어져야 할 시간~♬
다음에 다시 만나요~♪
…11월 한 달간
인민의 Demo-
Demonstration
잘~ 봤다.

이제 군주의
Demonstration으로
응답해줄 차례렸다.

제 14 장

친유 & 의회 개설

만민공동회 해산 후에도
보부상들은 마포를
근거지 삼아 무리 지어
서울을 들락거렸고.

마포의 보부상 성채
마포대교는 무너지지 않아!!
ㅂㅂㅅ놈들이 여전히 이리 활개 치고 다니니, 어찌 만민공동회 사람들이 대비 태세를 풀겠소이까?!

여전히 대립을 이어가는 양 진영!

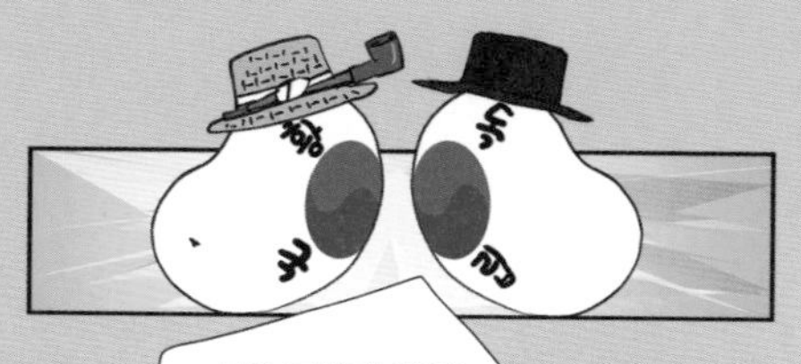
황국
독립
서울 도성에 끝없는 긴장과 불안을 조성하고 있다!

흠…
아무래도 이건
군주가 직접 나서야
해결될 문제 같군요~ㅎ

짐이 친히 양측의 소원 수리를 행하여 트러블을 봉합하고 도성을 평온케 하리라.
성은이 망극하옵니다~
……예?;;;
갑자기
제3자 모드?

1898년 11월 26일,
사상 최초의 군주 친유-
국민과의 대화 진행!
경운궁 돈례문 앞에
황제가 직접 행차!
각국 공사들이
친유의 증인으로
양옆에 자리.
군·경이 엄정하게 도열해
위엄을 갖춘 가운데
황국협회와 만민공동회 측의
대표들이 황제를 배알하게 된다.

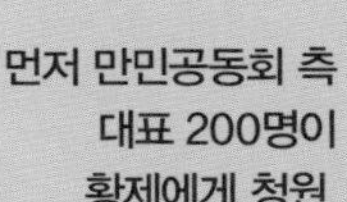
먼저 만민공동회 측
대표 200명이
황제에게 청원.

① 독립협회 복설
② 정부 인사 쇄신(수구파 비토)
③ 보부상 혁파
④ 헌의 6조 등 법령 이행(중추원 의회 개설)
⑤ 무고 음모 꾸민 8대신 처벌

ㅇㅋ,
▶ 독립협회는 비정치 계몽 단체로 운영할 것.
▶ 중추원 개설은 약속대로 이행할 거고,
▶ 보부상 일은 농상공부 관할로 둘 거고,
▶ 8대신 중 3명은 좀 그렇고, 5명은 확실히 재판에 넘기겠음.
성은이 망극하옵니다~!
황제 폐하 만세!! 황제 폐하 만세!! 황제 폐하 만세!!

만민공동회 측 대표들은
그리 답을 받들고 퇴장.

뒤이어 보부상 측 대표 200명이
황제에게 청원.

홍종우가 보부상이랑 뭔 관계여?? 보방? 모파상?
그냥 명예회장 같은 겁니다.
① 보부상 편익을 위한 상리국 복설
② 만민공동회·독립협회 혁파
③ 이른바 8대신의 무죄 석방

▶ 상리국 일은 농상공부 업무가
되었으니 따르도록 할 것.
▶ 독립협회는 비정치 단체가 될 거고,
▶ 8대신은 공정한 재판으로 유무죄를 가릴 것.
…성은이 망극하옵니다~!
뭔가 아무것도 안 들어준 것 같은 기분이 들지만 아무튼…
황제 폐하 만세!! 황제 폐하 만세!! 황제 폐하 만세!!
자, 이걸로 다 시마이 ㅇㅋ?
오늘까지의 시비와 사소한 죄들은 다 묻고 간다!
남자 대 남자로 깔끔하게 마무리 지었으니 앞으로 더 분탕 치면 꼬추 떼기 ㅇㅋ?
ㅇㅋ, 폐하~
뭔가 좀 말린 것 같지만; 아무튼 ㅇㅋ, 폐하~

오오, 한 달간의 소요 사태를 폐하께서 친히 깔끔하게 마무리해주셨다~!
여론은 친유 조치를 열렬히 환영.
한국사에 보기 드문 아름다운 엔딩이에요~
메데타시~ 메데타시~

이제 약속대로 중추원 의회를 개설할 테니 앞으로의 정쟁은 광장이 아닌 의회에서 이어나가도록 합시다.
중추원
정부
황국협회
독립협회

황제 칙선 17석
황국협회 계열 16석
33.5%
33%
33.5%

그런데 의석 비율은 민회에 대한 공평성을 기하기 위해 좀 조정해야겠음.

공평하게 3분의 1씩 가자고.

쿳…

독립협회·만민공동회 계열 17석

…이걸로 더 싸우기도 뭐하니 일단 이대로 가자;;

그리 마무리 분위기 속에서 12월 1일, 황국협회와의 패싸움 중에 사망한 신발 수선공 김덕구의 장례식이 만민공동회 만민장으로 성대히 엄수.

김덕구 열사여~!!
각종 협회와 학교들의 깃발이 늘어선 장엄한 운구 행렬이었다.

12월 2일, 황제는
슬그머니 다시 정부 개각.
아니, 박정양도 윤치호도 관직 안 받는다고 튕겼다니까?
王
王
王
독
민영환을 참정으로 하되, 심상훈, 민영기, 박제순 등 수구파(근왕파) 대신들이 요직에 대거 복귀.
아니! 지난번 친유 때 수구파 대신 비토라고 분명히 말씀드렸는데!!
황제 친유는 개뿔, 황제 퍽유다!!
만민공동회 시위 재개 ㄱㄱ!!
아니; 저기요; 그건 좀;;
만민공동회장 고영근
독립협회장 윤치호
친유 이후로 모든 분란이 마무리 되어 평온해졌다는 것이 시중 여론인데,
정부 인사 문제로 또 들고일어난다면 민심을 얻지 못할 것이오;;
수구파 대신 비토!!
만민공동회
아니, 폐하께서 잘 마무리해주셨는데 왜 뇌절?!
공기를 좀 읽어라!!

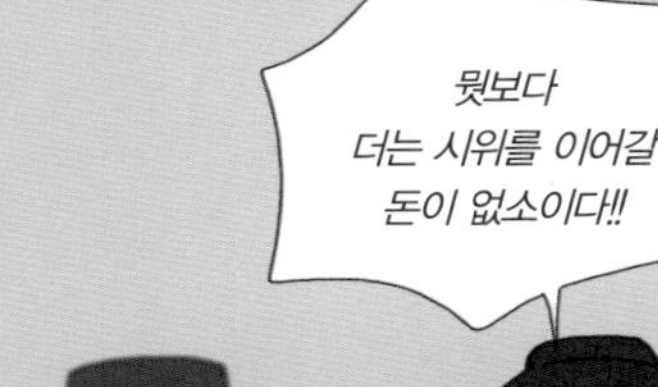
뭣보다
더는 시위를 이어갈
돈이 없소이다!!

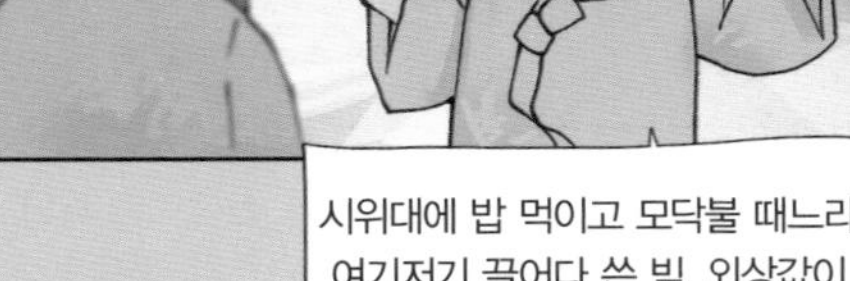
시위대에 밥 먹이고 모닥불 때느라
여기저기 끌어다 쓴 빚, 외상값이
이미 집 몇 채 값이여!!

땅 파서 장사하는 것도
아니고, 결국 돈을 받을
수밖에 없잖슴?
뭐, 외상으로 대주기도 하지만,
그것도 한도가 있는 법이고…

시위 초기에 무상으로 밥과 각종
물품을 지원해줬던 종로 상인들도-

거, 돈 문제야
모금함 몇 개 더
설치하고 부잣집 몇 집
더 돌면 해결될 것!!
그 빚, 외상값,
다 독립협회
회장 명의라고;;
일단, 아무튼
시위 재개 ㄱㄱ!!!

12월 6일, 만민공동회 시위가 재개되지만-

흠흠~♬
만민공동회
Must go on!!!
어;; 예전만큼
사람이 모이질 않네;;

그 와중인 1898년 12월 15일에
어찌어찌 중추원 개원.

중추원
한반도 최초의 근대 의회가 시작됩니다!!

윤치호, 고영근, 남궁억, 최정덕 등
독립협회와 만민공동회 지도부 인사들이
의관으로 등원.

최연소 의관 이승만(23세).

홍종우 등도 황국협회계
의관으로 등원.

의회정치는 프랑스 유학 다녀온 나님이 전문이지.

12월 16일, 최정덕 등
독립협회계 의관들이
첫 안건을 내놓기를-

정부를 새로 구성할 대신 후보 명단을 작성해 윗전에 올립시다!
중추원 의장 이종건
부의장 윤치호
가하오~!
미하오~!
가오~!

독립협회계 의관들의 표를 중심으로
대신 후보 명단이 작성되었으니.

민영환
박정양
한규설
이중하
김종한
민영준
최익현
윤용구
서재필
윤치호
·······
난 내 이름에
투표 안 했음요;;

박영효

아아, 조선 땅에 이는
데모크라시의 바람이
이 몸을 다시 조국으로
불러들이는가~
WiS DoM
韓国、議会を開設!
독립협회에 빨대
심어놓길 잘했지.

박영효 in 도쿄

제 1 5 장

적의 친구

DEMOCRACY

DEMOCRACY
民

DEMOCRACY

아니, 진짜로 쿠데타
모의한 거 아니라고요;;

1895년의 을미사변 직전에
불궤 사건으로
일본으로 망명한 박영효.

후쿠자와 유키치 등의 후원으로
일본에 머물며 조선 상황을 주시해왔다.

컴백할 타이밍을
만들어야죠.

츠네야 세이후쿠 등 조선에 와 있던
일본 인사들이 박영효를 위해
라인 역할을 해줬고.

일본의 박영효 선생께서
보내주신 선물입니다.

최정덕 등의 인사들을
독립협회에 빨대로 심어
지지 세력을 늘려왔다.

'님'은 바로 개화운동 원조 종사
박영효 선생을
말하는 것입니다. 여러분!

이에 훌러덩 넘어간
이승만 등의 독립협회 인사들이
중추원에서 박영효 사면 귀국,
등용 운동에 나선 것.

박영효 선생을
사면하라!!
박영효 선생을
정권으로!!
박영효 사면!
박영효 등용!
아니, 미친 분들아!
그 이름은
금기어라고!!!

박여어어엉효오오오??!??
이것들이 이제는 대놓고
역적 놀이 하자는 게지?!

을미사변의
심정적 공범으로 여겨지는 박영효는
황제의 역린을 긁는 이름이었고.

아니, 박영효는
좀 너무 일빠
아님?
독립협회, 만민공동회
윗대가리들이 박영효
똘마니였나?;
만민
박영효를
사면하라!
박영효 사면!

민심은 독립협회의 박영효 구명 운동에
크게 실망해 돌아섰고.

실망인데~;

군심도
크게 동요했으니.
박영효?!?
만 민
박영효를
등용하라!
이게 다 박영효
귀국시키자는
수작이었어?!

박영효가 일본으로 도망갔던
훈련대 찌끄러기들을 데리고
돌아온다고라!!!?
이두황, 우범선 등등!
훈련대
시위대
박영효의 훈련대 인사들이
다시 돌아와 군권을 잡는다는 건
시위대 인원들에게는 매우
끔찍한 이야기죠;;

결국 민심도 군심도
저들의 박영효 자책골에
완전히 돌아섰구먼?
만 민
박영효를
살
아, 이건 좀
아니죠;;

그렇다면 바로
지금이 무력
진압 몰아칠
타이밍이로구나!
압도적인
힘으로!!

…아니, 근데, 진짜로
독립협회와 박영효 뒤를
일본이 봐주고 있다면;;
....
함부로 건드렸다가는
일본의 개입 리스크가
있는 거 아닌지?

–라는 걱정을
일소시켜드리기 위해
일본에서 지시를 받고
귀임했사옵니다~!
주한 일본공사 **가토 마스오**

사실 엄밀히 말해서 박영효-
독립협회와 일본이
친하다는 건 일본 정부와
친하다는 뜻은 아닙죠.
호오?

예전부터 조선과 중국의
혁명가들의 뒤를 봐준 건
일본의 민권운동 세력이었죠.

DEMOCRACY
民
오모테나시~!
혁명 동지들!

이들은 일종의
동양 3국 데모크라시 연대를
추구한다랄까요.

일본 민권운동이
동양 3국 데모크라시 혁명의
종갓집이 되겠어요.

민권운동 세력으로서는 중국, 한국에 대한
정치적 영향력을 국내 정치에서의
지렛대로 삼으려는 속셈이 있겠습니다.

DEMOCRACY
DEMOCRACY
DEMOCRACY
民
무능한 번벌 정부보다
우리 민권운동권이
중국, 한국을 더 잘 다룹니다!
데모크라시는 이제
동양 전체의 대세입니다!

그리고 올해 1898년은
이 동양 3국 데모크라시 연대가
공명하듯 다 함께 크게
기세를 올렸지요.

무근전
관민공동회
중추원
DEMOCRACY
DEMOCRACY
DEMOCRACY
民
무술변법!
강유위의
유신당 집권!!
자유-진보 합당!
헌정당 집권!!
의회 개설!
만민공동회로
정국 주도!!

하지만 몇 개월 못 버티고
나란히 붕괴.

크악!
무술정변 크리!

으어! 내분,
분당 크리!

4개월 만에 민권 세력을 몰아내고
다시 정권을 잡은 번벌 정부는
민권 세력의 친구들을 곱게 보지 않습니다.

나는 성공
하겠어요!
번
벌

저거, 저거, 민권운동권들의
조선 쪽 파트너 아니여?

이 구도하에서
일본 번벌 정부에
독립협회 세력은
적의 친구일 뿐.
황실
근왕
번벌
대립
대립
독립
협회
DEMOCRACY
DEMOCRACY
民
우호

"일본에서도 11년 전
데모크라시쟁이들이
수도에서 크게 기세를 올리며
시위한 적이 있는데, 이를
군대로 물리친 일이 있사오니,
참고 삼으시옵소서."

—라고 일본 공사 진언.

이 만화책 14권 5장의
노르만톤호 사건 부분입죠.

…일본놈들이
저런 입장이라면
외교적으로는 이제
걸림돌이 없으렸다.

이때 일본 공사가
황실에서 뇌물을
받았다는 설도.

탁월한 결단이십니다!
데모꾼들은 일요일에
군대로 밀어버리는 게
답이지요!!

독립협회와 원수진 러시아는
당연히 무력 진압 대찬성일 거고.

어으, 한국 황제가
한국 황제짓 하려나…

…슬슬 이 지겨운 난장판을
올해 가기 전에 끝내야겠지…

…사면하라!

수구파 처벌!
새정부 구성!
박영효 사면!
수구파 대신 해임하라!!
박영효를 포함한 새 정부를 구성하라!!
보부상들 뒷배인 민영기, 민병식을 체포하라!!

1898년 12월 18일, 만민공동회는 여전히 시위를 이어나갔고.

12월 19일, 경운궁의 해산 경고 조칙이 나오고.

…친유 이후에도 약조를 어기고 계속 시위를 이어감은 이제 용서치 않을 것이다…
으음;;
한성판윤 이채연

박영효를 사면하라!
박영효를 사면하라

꾸깃

1898년 12월 21일, 황제 선포.

인내는 끝났다!!
역적 박영효
옹호하는 놈들일랑
싹 다 잡아들여라!!
국외 도망자에
대한 사면은
결단코 없을 것!!
아직도 해산 안 하고
있는 놈들은 뭐지?!?

12월 22일, 정동과 종로에 군 병력 배치.

징글벨 작전(상상명)을
개시한다!!!

굽씨의 오만잡상

동북아시아 역사에서 1898년은 유럽의 1848년과 같은 무게를 지닐 수도 있었던 해가 아니었을까 생각하곤 합니다. 1898년에 동양 3국의 근대·입헌 정치 세력들은 일제히 세를 떨쳤습니다. 중국에서는 유신 변법당에 의해 무술변법이, 일본에서는 헌정당에 의해 최초의 정당내각 수립이, 한국에서는 만민공동회에 의해 의회 개설이 추진되었으니, 실로 '데모크라시 플로우'가 극동을 휩쓴 한 해였다 하겠습니다. 당시 도쿄를 중심으로 민권운동 세력의 동양혁명 연대라 할 만한 네트워크가 존재했다고도 볼 수 있기에, 3국 민권운동 세력의 동시 흥기가 서로 무관한 것은 아니었으리라 여겨질 법합니다.

만약 무술변법이 성공하고, 일본의 정당내각이 수권에 성공했다면 한국에서의 의회 개설 운동도 성공할 수 있지 않았을까— 하는 망상을 해봅니다. 베이징에서 황제가 앞장서 의회를 개설하고 정치 근대화를 이뤄냈다면, 같은 시도가 서울에서도 아주 바람직한 것으로 받아들여졌겠지요. 도쿄에서 헌정당이 수권에 성공했다면, 일본 민권운동 세력과 친구인 독립협회의 의회 개설 운동은 일본 정부의 지지를 받았을 것이고 말입니다. 그렇게 베이징에서 광서유신이, 일본에서 메이지 데모크라시가, 서울에서 광무헌정이 성공했다면 이후 역사의 그림이 좀 더 보기 편한 모양새가 되지 않았을까 싶기도 합니다.

하지만 실제 역사에서 1898년 동양 3국의 데모크라시 플로우는 모두 실패하고 맙니다. 베이징과 서울의 개화파 망명객을 받아주던 도쿄의 동양 민권 연대 또한 일본 제국주의자들이 대륙과 조선에 꽂은 휴민트 빨대 노릇이나 하게 되고요.

오늘날의 시선으로 볼 때, 동양 3국의 1898년은 결국 모든 조건이 실패할 만해서 실패한 거다— 라고 간단히 말하고 넘어갈 수 있겠지만, 그런 결정적인 해에 대한 아쉬움 같은 감정도 역사 읽기의 소소한 여흥이 아닐까 싶습니다.

CONSTITUTION
PARLIAMENT
DEMOCRACY

제 16 장

크리스마스 역습

王
王
王

1898년 12월 22일,
정동과 종로 요소에 4개 포 진지 전개.

신형 개틀링 탄창은 공중화장실 화장지 케이스처럼 생겼구나…;;

12월 23일,
해산 작전에 나선 병사들과
만민공동회 인원들 간
실랑이.

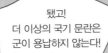

이 집회가 박영효와 그 일당 불러들이려는 수작이라는 건 이제 천하가 다 알고 있소!
아니, 그게 아니라 정당한 재판의 기회를 주자는 건데…

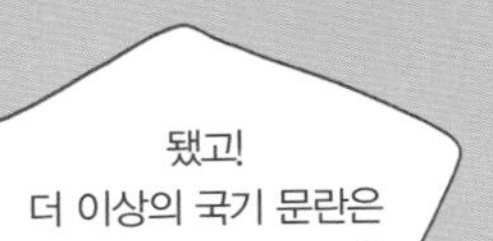
됐고! 더 이상의 국기 문란은 군이 용납하지 않는다!
강제 해산 개시!!

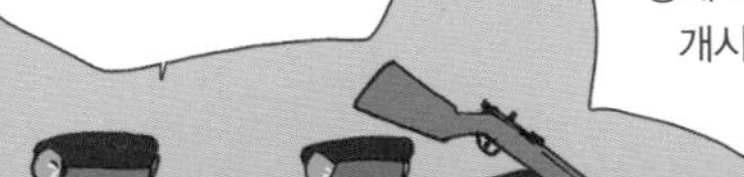

12월 23일의 해산 작전으로
집회는 최종적으로 붕괴.

으아아;
왜놈들 상대로는 유치원 군대가 백성 상대로는 나폴레옹군일세;

이후 만민공동회는 다시 열리지 못한다.

만민공동회가
無민공동회로;;
더는 사람들이
모이질 않아;;

12월 24일, 서울 도성 계엄령!
3명 이상 모임 금지!
민심은 민회에 대한 실망 반,
군에 대한 두려움 반으로
광장에서 완전히 마음을 거뒀다.
독립협회, 만민공동회에서
뇌절이 좀 심하긴 했지…
괜히 나섰다가
누구 좋으라고
총알받이 될 일 있나.

12월 25일,
황제 승리 선언.

홀리 메리 크리스마스!!
서울의 질서는
회복되었도다!

그간 불법으로 무리 지은 죄!
황명을 거스른 죄!
대신을 겁박한 죄!
재판을 강요한 죄!
관무를 방해한 죄!
싸움을 일으킨 죄!
역적을 옹호한 죄!
그 죄를 이루 다 헤아릴 수 없으나!!!

짐은 너희의 부모로서
너희가 처음에
착했던 것만을 아노라.

그간의 죄는 일체 용서할 것이니
서로 이끌고 물러가라!
각각 이전의 잘못을 씻고
함께 새롭게 나아갈 것이니라.

독립협회는
완전히 해산 조치.

질겼던 싸움,
이걸로 끝이다.

의회로서의 중추원 관제 백지화.
민회의 의관들 모두 해임.

중추원
이제 원래의
노인정 역할로 복귀.

박정양, 한규설, 민영환 등
친독립협회 인사들 모조리 해임.

심상훈을 의정부 참정으로 하는
근왕파 수구 내각 복귀.

하, 그때 궐문을 돌파했어야 했는데… 깝.
모가지 붙어 있는 걸 다행으로 여깁시다.

이에 고영근, 최정덕 등
독립협회 수뇌부는
모두 도피, 잠적한다.

느그 폐하 진짜 징그럽다; 징그러워;;

집안 망칠 헛소리는 이제 그만하고.
애비가 이번에 입각해 윗전에 네 녀석 잘 좀 봐달라고 말씀(뇌물)드렸으니…
원산 개항장 감리로 가 있도록 해라. 가서 머리 좀 식히고.

의정부 찬정 윤웅렬
(윤치호 아빠)

데모크라시를 엿보다가 이렇게
꼬리 말고 도망가는 꼬라지…
온백성이 비웃는군요.
....

어째서 조선 백성은 데모크라시
문명개화의 패배를 기꺼워하는가.

조선 백성은 그저 임금과
세도가의 권세에 마음을 의탁한
비굴한 예속민일 뿐인가!

게임 발로 해서
발려놓고 왜
남 욕을 하니…

애초에!!
종교의 교주 섬기듯 임금을
신앙하는 저 백성을
데리고 뭘 도모한다는 게
말이 안 되는 일이었죠!

…남탓충이라
거물은 못 되겠구나.

뭐, 아무튼 이렇게
1898년 데모크라시 위기 극복!
한 껀 해결!!

황제 폐하 만세!!

만세! 만세!
만만세!!

광무황제의 승리!

무술민란은 황실과 근왕파의
승리로 끝났습니다.

이겼닭! 오늘 저녁은 덕수궁 와플이다!

Epilogue
사태의 피날레 이후에도
이승만과 그 일당은 전단지를 돌리며
여론 운동을 이어나갔는데—
천하에 부당한
처사올시다!!
민회의 불씨를
되살립시다!!

1899년 1월 9일, 전단지 내용 중
'…황제 폐하께서 황태자께 양위하시면…'
운운하는 구절 때문에 국사범으로 체포된다.

아, 너무
깝쳤나;;;

투옥된 이승만과
감방 동료들에게
면회 온 주시경이
몰래 권총을 전해주고.

독립협회 간부
서상대
지난번에
황제 욕하다가
잡혀 들어온
최정식
프리즌
브레이크 ㄱㄱ

1899년 1월 30일, 이들 3인은
권총을 쏘아대며 탈옥 감행.

우와악?!?
탕
탕
겁나 근대적인
탈옥이야!!;;

하지만 서상대만
도주에 성공.

최정식과 이승만은
곧바로 붙잡힌다.

크앗! 인생의 교훈:
총 들고 뭘 하려는 건 절대
성공 못 하는구나!!

이승만은
가혹한 고문을
당하게 되고.

박영효 지시로
역모 꾸민 게지?!
권총은 어디서
났어?!

치지직
끄아아아아아아아아악

사건 재판은
고등재판소에 부임한
홍종우가 맡게 된다.

Coucou~!
간만이외다~!

…얄짤없이
사형이겠구나;;;

총을 쏴서 관헌을 상하게 한 최정식은 사형.
이승만은 총 안 쐈으니 태형 100대에 처한다.
…?
어… 일단
ㄱㅅ…;
(태형 100대는 뇌물 써서 살살 맞는다)

뭐, 정적이라고 해도 서양과 문명개화를 아는 사람끼리 좀 봐주는 게 있어야죠.

국사범으로서 이승만은 이후
5년 반의 수감 생활을 하게 된다.

BIBLE
BIBLE
영어 공부, 성경 공부나 열심히 하자…
죄수들의 선생님으로 인기 좋았다고요.

하… 이게… 구한말의 정치 상황에 대해 복잡한 Long story 배경 설명이 필요한데…
아, 일본놈들에게 당한 거군요?!
ㅇㅇ… 그냥 대충 왜놈들에게 당한 거라 치죠…

이때
고문의 후유증에 대해
훗날 이승만은—

제 1 7 장

광무개혁 1899

독립협회권들의
황권 위협으로 소란했던
1898년의 데모크라시 위기는
무사히 지나갔고.

이제 황제에게 정치 게임을 걸어볼
그 어떤 세력, 정파도 존재하지 않는
1899년의 대한제국.

1899년 6월 22일,
대한제국 원수부 창설.

전제 황권을 더욱
강력한 무력의 반석 위에
올려놓고저!

근데 이거
헬멧 사이즈
XXL 없대냐?

세창양행에서
독일제 헬멧을 주문했다.

이게 제일
큰 거라는뎁쇼.

황제가 대원수로
직솔하는 원수부는
모든 군령과 지휘를 통괄하는
군 최고 기관입니다!

원수부
군부

군부대신의 군부는
일부 군정권과 예산 등만
관리하는 위치로 밀려나죠;

원수부 체제하에서 군은
1901년에 이르기까지
군비를 크게 확장.

서울, 황궁 수비를 담당하는
중앙군– **시위대**와 **친위대**.
시위대
2개 연대 약 5천 명
친위대
2개 연대 약 4천 명

황궁에서 황제
근접 경호를 담당하는
호위대도 편성.
호위대
약 400명

지방에서는 14개 거점의 **지방대**가
도적 떼, 의병 잔당 등을 단속 중이었고.

요즘 지방대
위기라던데?
포공, 카이스트도
지방대다!!
'활빈당'이라는
도적 떼가 가장
네임드였다.

1900년에는 지방대들을 **진위대**로 통합 재편.

의주
6연대

북청
5연대

평양
4연대

강화도
1연대

수원
2연대

대구
3연대

1901년까지
6개 연대 병력 1만 8천 명을
진위대로 배치한다.

이와 함께 독일, 프랑스, 러시아, 일본
등지에서 소총 수만 정 수입.

일본제 최신
30년식 연발 소총이
가장 핫템이었죠.

최신형 크루프 75mm포 10여 문도 수입.

1898년 개교한
무관학교에서는 1900년 1월에
1기 졸업생 128명 배출.

일본 육사로도
계속 유학 보냄.

무관학교 학맥은
대한민국 국군까지
아주 가늘게 이어진다고도
할 수 있지요.

교육에서는 1900년대 초에만
국공립 소학교가 110여 개에 달했으며,
중학교 학제를 통한
고등교육이 시작된다.

역사, 수학, 화학, 물리, 경제, 농공상, 의학…

忠

다만 광무 정권에서는
경본예참을 기조로 삼아, 유교 윤리
교육이 다시금 강조되었죠.

이제 이런 학교들이
관직으로의 출세 관문임.

산업 진흥에서는
실무 인재 양성을 위한
외국어, 농업, 공업, 상업, 광업 관련
사범학교들 설립.

여성 교육기관으로서
양잠학교가 크게
흥하기도 했죠.

뭐, 국방, 교육…
다 좋은데,

돈이 없어서 그런
개혁들 진행하기가
너무나 빡센 것!!

국방 예산으로만
연간 재정의 30%
이상이 녹는다!!

뭐, 그렇게 돈이 궁한고로,

그래도 돈이 꼬박꼬박 쌓이는
관세를 건드려볼까…

관세

찰싹
관세

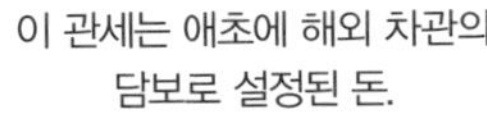
총세무사 존 맥리비 브라운

이 관세는 애초에 해외 차관의
담보로 설정된 돈.

대출의 원리금 상환을 위한
돈이니 건드리실 수 없습니다.

청과 일본에
돈 꿔준 영국
조선에 돈 꿔준
청과 일본
관세

으음…

빚쟁이들이
원리금 상환 용역으로
한국 해관에 심어둔 영국인.

아, 근데 항만 정비, 도로, 전신, 건설 등의 인프라 비용으로는 협의 가능합니다.

…궁궐도 인프라에 포함되려나?
……

아, 궁궐은 관광자원이 될 수도 있으니, 당연히 인프라 포함 킹파서블이죠!!
거, 특별히 서양식 건축으로 추천드립니다!

1899년, 맥리비의 건의로
경운궁 석조전 건설 시작.

어떻게 건물 이름이
Suck Joe…

아무튼 그렇게 관세도
별 도움이 안 되는지라,

어떻게든 세수 확충
방안을 짜내야죠.

타 자

토지세가 주 세수원인데,
이걸 어떻게 잘 정리하면
많이 늘어나기도 한답디다.

그렇게 1899년 들어 최초의 근대식
토지측량 사업인 광무양전 실시.

속성 교육을 이수한
측량 기사들 투입.

미국 선생이
야드-에이커로
가르쳤어;;

양전-지계 사업으로 근대적 토지 소유제를 정비해
토지 자본화를 노렸지만… (결국 완수하진 못함)

뭐, 그리저리 별수를
다 써봐도
당장 돈이 어디서
솟아날 리가 없지…
으의?
사람이 돈을 따르는 게 아니라,
돈이 사람을 따르 게 하라!!

1899년 8월,
황실 재정을 맡은 내장사가
내장원으로 승격!

내장원은
정부 재정과 상관없는,
황제가 따로 찬 주머니지요.
탁
내장

내장원경 **이용익**

공무원들 월급도
제대로 주기 힘들다;;
탁지

탁지부의 돈 사정은
외국인 재정 고문의
감시하에 놓여
자유롭지 못했고.

그러니 뭔가를 따로
도모하기 위해서는
황제의 비자금
주머니가 필요하다고.
내장

이 내장원 주머니를 채우기 위해
이용익은 다양한 무명잡세와 이권을 동원.

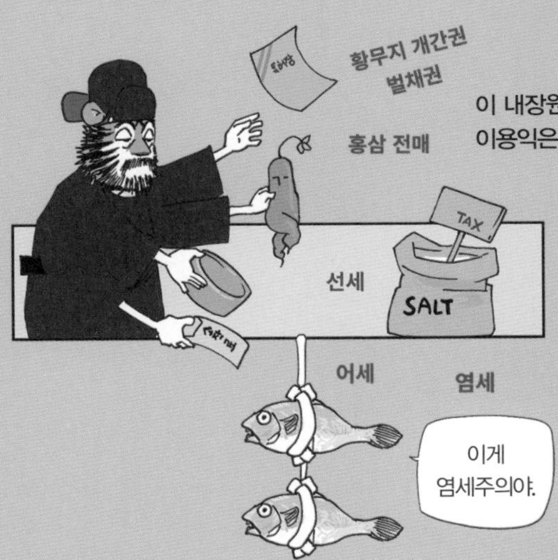
황무지 개간권
벌채권
홍삼 전매
TAX
선세
SALT
어세
염세
이게
염세주의야.

보부상들의 **상무사**에
시장과 나룻터 관리권을 부여해
상납금 받고.

관리권
우리 모두 킹스맨!

국가 소유 농지인 **역둔토**(역참 토지와 둔전)의 소작료도 모두 내장원으로.

구리-니켈 합금 동전인
백동화 주조 차익도 챙김.

동전 찍어내서 좋은 꼴 난 적이 없는 것 같은데…

가장 짭짤했던 건 광산 채굴권 판매.

MINE
MINE
$
이 중에 2% 확률로 진짜 금이 나오는 광산이 있습니다.
오, 확률 혜자군요!

…하지만 내장원 돈 규모는 소문만큼 대단한 건 아니었지요.
티끌 모아봤자 모인 티끌일 뿐…
내장원

식산흥업에서
이전 갑오파 정권이나 독립협회는
민간 주도의 투자를 기대했는데.

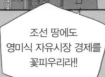

조선 땅에도
영미식 자유시장 경제를
꽃피우리라!!

광무 정권은
각종 관영 모범회사를 세우고
관 주도의 투자를 추구.

....

후… 조선 하꼬짝
민간 자본 규모로
그게 되겠냐…

조선 땅에서
그나마 돈 좀 있는 건 황실과
고관대작 대감집들이지.
이런 투자를 위해서라도
내장원 비자금이 있어야 한다고.

그렇게 양잠과 면직 분야에서
여러 회사가 세워지며 푸시를 받고.

(사실 광무개혁기에 유일하게 성공한 산업은 양잠뿐이라지요)
양 키워서 양모도 좀 깎아볼까…

서구형
축산업 도입도 모색.

조선이 그래도 종이 만들던 가락이 있는데…

직물, 제지, 무기 등
여러 부문에서 추진되었던
광무 산업화지만,

뭔 뜬금없이 산업화데스까~ 농사나 잘 지으라곸ㅋ

이미 일본 경제로의 하부구조 편입이
깊게 이루어져 있던 터라,
광무 산업화는 딱히 그 싹을
크게 틔워 보지 못한다.

근대화의 상징인 철도 부설에서도
관과 지역 유지들의
주도 움직임이 있었지만.

경부선, 경의선, 호남선
다 깔아불자고!

철도 그렇게
까는 거 아닌데~

그 철도 부설권들은 결국 다
외국인들의 손에 떨어지게 되고.

최종적으로 조선 땅의 모든 철도 부설권은
전부 일본에 넘어가게 된다.

1899년 9월,
경인선 개통!!
제물포에서 노량진까지
1시간 40분 주파!!!

1899년 5월에는 서울 시내 전차 운행 시작.

METRO
으아아아!!!
미친 스피드
시속 30km!!!

언론 분야에서는
독립협회의 스피커였던 《독립신문》이
1899년 결국 폐간되었지만.

으읰,
삼고비므니다~!
일본 스피커
《한성신보》

1898년에 창간된
양대 신문.

민족의 정론직필은
우리가 이어간다!!
《황성신문》
국한문 혼용. 신채호,
장지연. 유림에 인기.

《제국신문》
순한글. 이승만이 감옥에서
칼럼 송고. 여성층에 인기.

뭐, 아무튼 그렇게 저렇게
1899년 연간 광무개혁은
나름 묵직하게 굴러가는 것이었으니.

정치적으로도
큰지막한 이정표가 하나
나와줘야겠죠.

1899년 8월 17일,

대한국 국제 반포

大韓 國制
세계의 공법 기준에 따른
국가 국제를 맹가노니,
헌법무새들은 이제 만족함을
알고 싸물도록 할지어다.

한국은 자주독립 제국!
정치는 전제군주정!
황권은 무한!
황권 침해 금지!
입법, 행정, 조약 체결, 군사,
관직 임명-
모두 황제 대권!
大韓國國制
황제 폐하
만세~

…뭔 9개 조항 전체가
다 황제 대권 타령이네;;
이게 20세기 1년 전에
나올 워딩이냐;;
그래서 양심상 차마
'헌법'이라는 명칭은
못 썼나벼.
국민 어딨냐고!
국민!!!
…국민은 별로
중요하지 않다고
생각해요.

황제가 중심 잡고
제국을 캐리하고 있단 말이죠!
아 글쎄, 짐이 한반도 역사상 최초로
중국과 **황제 대 황제**로
조약을 체결했다고!!
1899년 9월,
한청통상조약 체결.
....
으엌ㅋ 이제
말 놔도 되지?
표정 구기지 말긔~

상호 자주 관세권,
상호 영사 재판권 등
매우 평등하게 잘된 조약이군요.
전권대신 박제순
전권대신 서수붕

귀하께서 서울의 청국
공사관을 오픈하셨으니,
이제 제가 베이징으로 가서
한국 공사관을 오픈하면
되겠군요.
아, 베이징에 공사관 여는 건
그리 서두르지 않으시는 편이
좋을 것 같습니다만…

…근간 화북의 정세가 흉흉해
베이징 쪽에도 심상찮은
기류가 감돌고 있는지라…
예? 무슨?

제 1 8 장

1890년대 연대기 1

JP

1890년

3월, 비스마르크 해임.

사회주의 정당,
노조, 파업 다
허용해야죠?
아오;
진보적
황제 폐하
만세!!

**7월, 영–독 간
잔지바르–헬골란트 교환.**

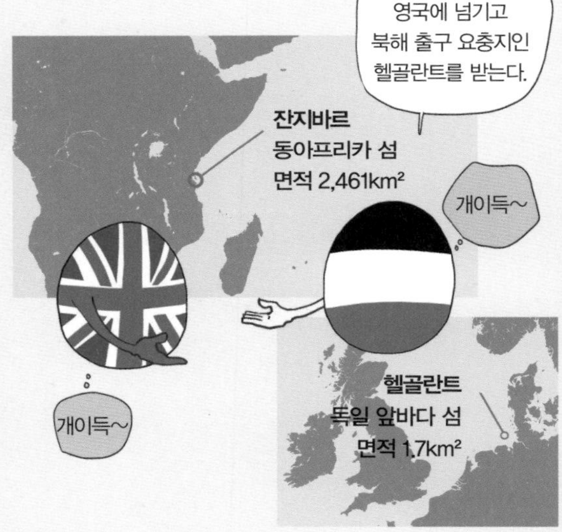

잔지바르를
영국에 넘기고
북해 출구 요충지인
헬골란트를 받는다.
잔지바르
동아프리카 섬
면적 2,461km²
개이득~
개이득~
헬골란트
독일 앞바다 섬
면적 1.7km²

**9월,
오스만 해군의 에르투으룰호가
일본 히가시무로 앞바다에서 침몰.**

587명 사망!

거국적인
위연금 모금!

위연금

11월 29일,
일본 제국의회 개원.

帝國議會

12월 29일,
운디드니 학살.

Wounded Knee
다친 무릎.
그중 200여 명이 여성과 아이였다.

美 제7기병연대에 의한 수우족 무장 해제 과정에서 벌어진 학살로 290명의 수우족이 살해당함.

그 외에도 1890년에는

2월, 여객선 뒤부르크호가
남중국해에서 태풍으로 난파.

대부분 중국인인 승객
400여 명 사망.

최초의 전기의자 처형 집행.

교류 전기가 이렇게 위험합니다!
지옥 갈 끄니까~!
동거녀를 도끼로 살해한 윌리엄 케믈러가 그 첫 타자.
에디슨

항독소 혈청 개발.

에밀 A. 폰 베링 교수가
제자 기타자토 시바사부로와 함께.

파상풍, 뱀독, 디프테리아 등등의 독! 이제 혈청으로 다 치료된다!
과연 세계 제일 毒일 의학!

미국 인쇄업자 로버트 게어
접이식 종이 박스 발명.

접어라. 박스도 접고 겜도 접고.

알프레드 마한,
《해양력이 역사에 미치는 영향》 출간.

SEA POWER
찾아봐라! 이 세상 전부를 해양력에 달아놨으니!
그것이 大해군 시대의 개막이었다.

오스카 와일드,
《도리안 그레이의 초상》 출간.

자캐력 최대로!!
The Picture of Dorian Gray
LIPPINCOTT'S
MONTHLY MAGAZINE

모리 오가이, 《무희》 출간.

'독일에서
서양 여인과
눈이 맞은
주인공은…'
아오, 음습
쫄보 일남충!

(실제로 독일 유학 기간에 결혼을 약속했던 여친 엘리제가 모리를 쫓아 일본으로 찾아왔지만, 그는 출세를 위해 결별을 택한다)

1891년

1월, 칠레 내전 발발.

발마세다 대통령
개혁파
육군
vs
의회
보수파
해군

9월,
의회의 승리로 내전 종결.
발마세다 대통령 자결.

발마
약하다…

5월 11일, 오쓰 사건.

러시아 니콜라이 황태자 방일 중 피습!

VIP

全 일본 전력 사죄!

7월, 북양함대 방일.

중국놈들이
언제 저런
해군을!?!

8월,
러불동맹.

러불러불
러브러브~♥

11~12월,
내몽골에서 금단도의 난.

내몽골 지역에서는 19세기 들어 한족 유입 인구의 증가로 한족과 몽골인 간 갈등이 깊어져왔고.

서열 정리
한 번 더
해줘야겠냐?!
몽골이 여진족 따까리
된 거 알면 칭기즈칸이
무덤에서 자살하겠다.

11월,
백련도 일파인
금단도 무리가 봉기.

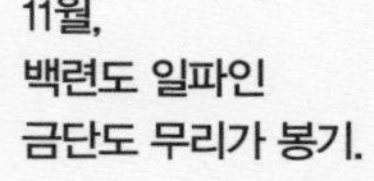
몽골족, 만주족
다 죽여라!!

츠펑 일대를 중심으로
금단도 무리는 몽골인들을
마구 학살하며 돌아다니고.

몽골놈들한테
한족이 당한 거,
0.001%라도
갚아줘야제!!

이에 섭지초, 섭사성이 이끄는
토벌대 출격.

섭섭 콤비 출동!

기억 안 나면
섭섭한데요…

(2년 반 후, 청일전쟁으로 조선에 가게 되는…)

11월 19일, 젠창현에서 반군 대파.
11월 30일, 금단도 궤멸.
지도부는 모두 처형당한다.

근대
정규군의 힘
쬐끔만 맛봐라!

금단도의 난 자체는 한 달도
안 되는 짧은 기간의 난리였지만,

이 시기 전후로 살해된 몽골인
숫자가 10만 명에 달한다고도…

그 외에도 1891년에는

10월 28일, 미노 오와리 지진.

7200명 사망!
유신이
맘에 안 든다는
노부나가의
꼬장이야!!

3월 18일, 지브롤터에서 유토피아호 침몰.

야밤에 실수로 영국 군함에 충돌.

562명 사망;;
대부분 미국으로 향하던 이탈리아인이었죠;

5월, 교황 레오 13세 《새로운 사태》 발표.

노동으로서만 삶의 의무를 수행할 수밖에 없는 노동자가 그 시간과 공력을 다 함에도 불구하고 가족을 부양할 정도의 임금을 받지 못한다면 이는 고용주의 폭력이다.
아멘!!
아, 이거랑 별개로 빨갱이는 지옥 간다.
엥?

산업화 시대의 교회가 사회주의에 고객을 뺏기지 않기 위해 어느 정도 노동자 친화적인 사회정의를 논해야 함을 천명한 것.

마르자 굴람 아마드가 델리로 상경해 자신을 메시아(마흐디)로 선포.

아흐마디야 교단은
1889년에
이미 설립했고요.

아흐마디야 교단은
교리상 가장 근대화된 이슬람으로-

기독교, 힌두교, 불교, 유교 다
신성을 향하는 신앙의 동료들이다.

아흐마디야 교인들은
크리스마스 트리도 세운다.

지하드는 옛날에 끝났으니,
무력으로 뭐 할 생각하지 마라.

과학은 신의 작품을 밝히는
위대한 탐구다. 진화론도 빅뱅이론도
다 신의 고차원적 섭리.

아니, 뭔 세련된 드립을 쳐도

자기를 무함마드보다 중요한
메시아라고
주장하는 걸 주류 이슬람이
용납할 수 있겠냐?!!?

빼박 이단!!
너네는 메카
입장 금지!!

마흐흑;;

**테슬라가
테슬라 코일 제작.**

교류륫!
웨스팅하우스
풀매수 가즈아!!

장의사 스트로저, 자동 전화교환기 발명.

라이벌 장의사가 동네 전화 교환대를 장악한 것에 빡쳐서 발명했다는 얘기가 유명하죠.

샤르도네 백작, 최초의 합성섬유 레이온(비스코스) 생산.

이제 이 인조견사가 직물 시장을 지배할 것이다.
(아님)

합성섬유라고는 하지만, 20세기에 석유를 원료로 제작된 폴리 뭐시기 합성섬유들과는 달리,

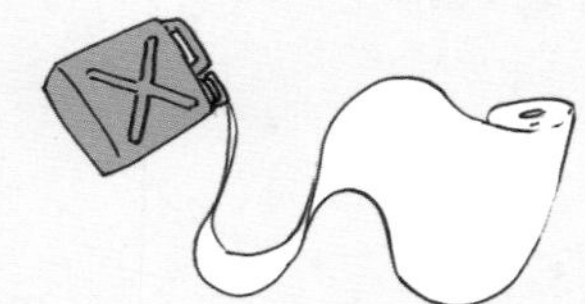

레이온은 목재 셀룰로오스를 원료로 만들어지기에 기존의 천연 소재 작물에 더 가까운 위치에 있다 할수 있지요.

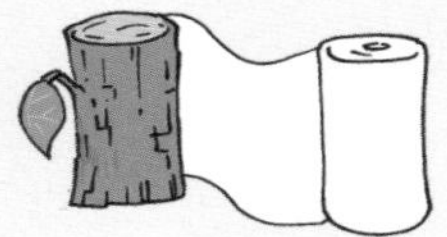

그렇게 면처럼 부드럽고, 비단처럼 가볍고, 모시처럼 시원하며 날창날창한 레이온이랍니다.
But 이 초기 레이온-비스코스는 내구도가 종잇장처럼 약했지요.

TOMATO

스위스 아미 나이프 탄생.

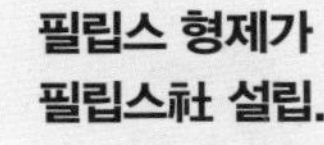

필립스 형제가
필립스社 설립.

필립스 형제의
할머니가 카를 마르크스의
이모였지요.

더러운 자본가
육촌 조카놈들.

미쉐린社,
최초의 탈착식
공압 타이어 생산.

제임스 네이스미스, 농구 발명.

골대를
바구니로 할까,
박스로 할까…
그 순간의 선택으로
농구(Basket ball)가 아닌
곽구(Box ball)가 되었을 수도.
13

1892년

6월, 플레시 대 퍼거슨 판결로
인종 분리 정책 합법화.

흑인 호머 플레시가
백인 전용 객차에
탑승한 건 위법이다.

백인석
흑인석
백인용
흑인용

7월, 카네기 철강의
홈스테드 제철소 파업 사태.

프릭 사장
소유주
카네기
임금 인상!
노조원
표적 해고
저지!!

이에 社 측이 동원한 용역 핑거튼 탐정회사와의
무력 충돌로 노조원 10명 사망.

이런 개거튼;;

홈스테드 파업은
철저한 탄압으로 무너지고
철강 노조는 붕괴.

카네기 씨,
자서전에 이 얘기
꼭 쓰쇼잉?

11월, 뉴올리언스 총파업.

항만, 면화, 철도,
설탕, 가스 등
모든 노동자 참여.

1일 10시간
근무!
초과근무 시
수당 지급!
하! 딥 사우스에서
흑인 노조가 백인 노조랑
같은 배를 탄다고?

흑인 노조와 백인 노조가
총파업에 힘을 합쳤는데–

흑인 노조가 백인 여성과
아이들을 공격하고 있어요!!

기업의 사주를 받은 지역 신문들은
흑인 노조의 만행에 대한
가짜 뉴스 폭격 개시.

흑인 노조의 난동으로
무법 지대가 된
뉴올리언스에
질서를 회복하라.

인종주의자 주지사가
뉴올리언스에 주방위군 투입.

껌둥이 노조는 배제하고, 우덜끼리 잘 협상해보더라고~
社 측은 백인 노조에만 협상 제안.
느그 삼촌 KKK 단원이셨제?
모두 집과 교회에 처박혀 묵언합시다. 언론과 주지사에게 일말의 빌미도 주지 맙시다!
이에 흑인 노조는 인내로 대응하고,
흑인 노조와 함께가 아니라면 어떠한 협상도 거부합니다!
백인 노조는 社 측의 갈라치기를 거부.
엥?;;;
결국 1892년 11월 12일, 뉴올리언스 총파업은 노조 측의 승리로 결착.
1일 근무는 10시간… 초과근무에는 수당 지급…

그 외에도 1892년에는

드미트리 이바놉스키가
바이러스의 존재 제시.

기술의 한계로
아직 보이지는 않는데,
담배 모자이크병의 원인으로,
세균보다 더 작은, 아주
아주 작은 뭔가가 있음.
세균들의
세균이랄까?

에디슨 GE와
톰슨 휴스턴 전기의 합병으로
GE(제너럴 일렉트릭) 탄생.

G~~EEEEEE~
JP
J. P. 모건
-랄 말고 교류에 발린
에디슨 선생은 이제 그만 손 떼소.

12월,
《보그》 창간.

VOGUE
1892
december
봉구
뉴욕 상류사회의
전통 및 사회적 예절,
에티켓에 대해
다루는 잡지입니다.

12월 17일, 차이콥스키의 〈호두까기 인형〉 초연.

퍽

"불가해한 무질서, 아마추어적 질주" —★
"완전히 무미건조하다" —☆
"비만과 난쟁이 발레" —★
"발레라는 장르를 한 단계 후퇴시킨 작품" —★

"차이콥스키가 자살한다면
아마 이 작품 때문일 것" —☆

등등의 평을 받으며 폭망.

1893년

4월, 동학 보은취회.

취회부러~!

동학 조직을 정비하지만,
조정의 위무로 해산.

5월,
동학 남접 원평취회.

남접은 북접의 컨트롤 밖에서
래디컬 세력화한다.

그 외에도 1893년에는

1월, 하와이 쿠데타.
미국의 괴뢰정부 수립.

하와이~
여왕 쟝, 왕국은
끝인 거시에요~

7~10월,
프랑스-시암(태국) 전쟁.

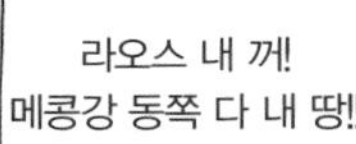
라오스 내 꺼!
메콩강 동쪽 다 내 땅!!

이런,
시~암;;

프랑스 함대의
방콕 포격에
태국 항복.

미국 경제공황.

철도 버블 붕괴;;
복본위제 금 유출;;;
쿠쾅

공황이지만
엑스포는 해야제…

**5월, 콜럼버스 도미 400주년
시카고 EXPO 개최.**

WORLD'S COLUMBIAN EXPOSITION CHICAGO
1893
최초의
대관람차 페리스
휠 건설.
최초의
무빙워크 설치.
ALL NATIONS ARE WELCOME TO THE WORLD'S COLUMBIAN EXPOSITION CHICAGO
1893

엑스포 메인 건물인
화이트 시티 도색에
최초의 컴프레셔
에어브러시 사용.

최초의 필름 동영상 재생기—
에디슨社의 키네토스코프,

우효옷~?!
KINETOSCOPE
Chicago Day
-WALTZ-
October 9TH 1893

자동 식기세척기 등
다양한 발명품 출전.

조세핀 코크레인

시카고 EXPO 부대 행사로
최초의 세계 종교회의 개최.

자, 기적 대결을
시작해볼까요?!

노르웨이인들은
바이킹 롱보트를 몰고
대서양을 건너와,
시카고 박람회장에 롱보트 전시.

콜럼버스보다
바이킹이 아메리카에
먼저 왔음을 어필!!
대서양 건너는 것보다
오대호, 운하 통과하는 게
더 빡셌다…

조선도 시카고 EXPO에 참가, 국가 부스 개설.

됴선의 폴더블
입니다요.

출품사무대원 정경원이 이끄는 통역과 궁중 악사 등 13명의 인원 참가. 화문석, 나전칠기 등의 공예품 전시.

이게 무슨
음악이라고요?
아악…
아아악!!!
雅樂

왜 나
관직 안 줘!?

그런데 시카고 EXPO 폐막을 이틀 앞두고,

시카고 시장 카터 해리슨이 엽관꾼에게 암살당했기에 그 엔딩은 좀 침울한 것이 되었습니다.

프랑스에서는 운전면허증과 자동차 번호판 도입.

아니,
승마면허 제도가 없는데
자동차 운전면허 제도는
왜 있어야 하는 거죠?
LICENCE
자동차는 말과 달리
자율주행이
안 되니까?

한스 콜드슈미트가
테르밋 반응 발견.

텔밋~ 텔밋~
테테테테테테
펑

나가이 나가요시는
메스암페타민 합성.

예아!!
니뽕!!!
히로뽕!!!

미키모토 코키치가
양식 진주 생성 성공.

인도양 진주잡이
다 뒤졌닭ㅋ

뭉크,
〈절규〉 제작.

1894년

2월 15일, 동학농민운동의
첫 봉기인 고부민란 발발.

3월 28일,
상하이에서
김옥균 피살.

탕

동학농민군은 황토재 전투(5.11),

황룡촌 전투(5.27)를 거쳐,

5월 31일,
전주성 입성.

무장 청년회

6월 3일,
조선 조정은 청국에 출병 요청.

6월 8일,
일본군 500명이
인천 상륙.

6월 9일,
청군 800명은 아산만 상륙.

6월 11일,
관군과 동학군이
전주 화약 체결.

청군, 왜군
다 몰려오는 판에
일단 Peace.

7월 16일, 영일통상항해조약 조인.

평등조약
넌 나와 평등하거나
그 이상이다.

7월 23일,
일본군의 경복궁 점령.

7월 25일, **풍도 해전.**

콰콰콰콰

7월 29일, **성환 전투.**

9월 15일,
평양성 전투.

9월 17일,
황해 해전.

뚜웅
꾸궁

11월 21일,
뤼순 함락 & 뤼순 학살.

12월 5일, 우금치 전투.

그 외에도 1894년에는

1월, 러불 군사동맹 체결.

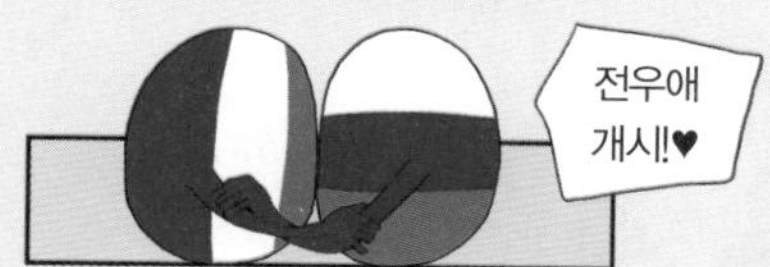
전우애
개시!♥

6월 25일, 프랑스 카르노 대통령 암살.

이런 식빵…;
제빵사가…;;

10월, 드레퓌스 대위 체포로
향후 5년여에 걸친 드레퓌스 사건 정국 시작.

유대인은 죽어도돼
유대인 간첩

**뉴질랜드가
최초의 최저임금제 도입.**

최저다…

**6월, 쿠베르탱이
국제올림픽위원회(IOC) 창립.**

Q베르탱
스포츠를 통해 방출되는
에너지의 총량은 실로
기대 이상이야.

**7월, 최초의 장거리 자동차 경주 대회인
파리–루앙 레이스 개최.**

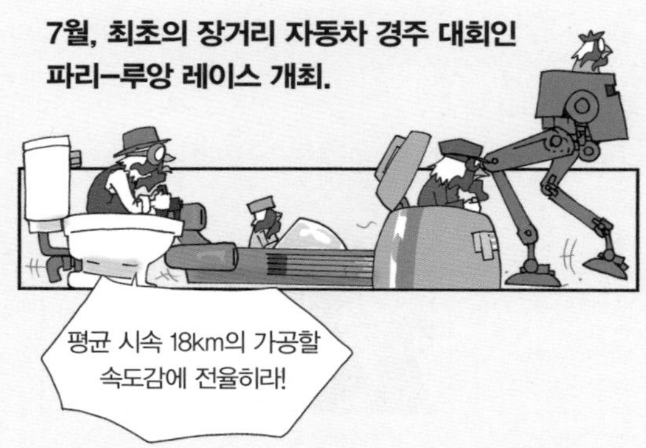
평균 시속 18km의 가공할
속도감에 전율하라!

**홍콩에서
알렉상드르 예르생과
기타자토 시바사부로가
페스트균 동시 발견.**

이걸
요리하면…
페스트푸드?!

기타자토 시바사부로는 130년 후에
1천 엔 지폐에 입갤하게 된다.

千円
1000
1000

Billboard

11월,
빌보드紙 창간.

키플링, 《정글북》 출간.

아니, 이건
《정은北》이잖아!
Em cismar, sozinho, à noite,
Mais prazer eu encontro lá;
Minha terra tem palmeiras,
Onde canta o Sabiá.

굽씨의 오만잡상

중동의 점토판부터 안데스의 미라까지, 1890년대는 서구 고고학자들의 삽 끝이 닿지 못한 곳이 없다고 자부할 만한 시대였습니다. 수많은 성과 중 우리 눈에 한 번쯤은 스쳐 갔을 법한 것들을 몇 개 꼽아봅니다.

1890년 산서성 푸펑현의 한 구덩이에서 1200여 점의 다른 유물과 함께 주나라의 가장 유명한 청동기인 대극정(大克鼎)이 발굴됩니다. 공부상서를 지낸 반조음(潘祖蔭)이 이 대극정을 구입해 이미 소유하고 있던 다른 주나라 청동기인 대우정(大盂鼎)과 함께 반씨 가문의 가보로 삼았습니다. 반씨 가문은 전란의 시대를 거치며 끝끝내 대극정과 대우정을 지켜냈습니다. 중공이 성립된 후, 대극정은 상하이박물관에 대우정은 중국국가박물관에 기증되었지요.

1891년 인도네시아 자바섬에서 네덜란드 고인류학자 외젠 뒤부아가 자바원인의 화석을 발견합니다. 우리 인간보다 먼저 출현하고 일찍 멸종한 친척 호모에렉투스였지요.

1893년 프랑스 고고학자들이 세상의 중심- 그리스 델피(델포이)의 유적지를 발굴합니다. 괴이한 신탁으로 유명한 아폴론신전의 전모가 수천 점의 유물과 함께 드러납니다.

1890년대 전체에 걸쳐 펜실베이니아대학교 연구팀이 고대 메소포타미아의 성스러운 도시 니푸르를 발굴합니다. 지구라트와 엔릴신전, 굴라신전, 인나신전 등이 있는 이 도시는 마치 바티칸처럼 다른 도시들의 왕권을 종교적으로 인증해주는 권위를 지니고 있었다고 합니다.

JAVA

제 1 9 장

1890년대 연대기 2

7
7

1895년

2월 12일,
북양함대 항복.

탕!
…럭키샷!

3월 24일,
시모노세키에서 이홍장 피격.

4월 17일,
시모노세키조약 조인.

배상금,
요동반도 & 대만 할양.

4월 23일,
삼국간섭.

젊은 친구!
신사답게 행동해!
요동

일본의 요동반도 포기.

5월 25일,
대만민주국 선포.

일본놈들 밑으론
안 들어간다!!

5월 26일,
일본군의 대만 상륙.

6월 7일,
타이페이 함락.

TSMC ㄱㄱ!

10월 21일,
일본군의 타이난 입성으로
대만 정복전쟁 종료.

SUGAR
헌법 체제 바깥 외지로
대만 총독부 설치!

한편 조선에서는
7월의 불궤 사건으로
박영효 실각, 일본 망명.

아니, 상식적으로;;
내가 또 쿠데타를
계획했겠냐고요;;

정국은 다시 임금과 민씨네 품 안으로.

쿠콰콰쾅
내가
조선의 국모다!!
-라고 실제로
말하진 않았지요.

10월 8일,
을미사변.

명성황후 피살.

임금이 궁 안에 갇힌 채
친일 갑오파 정권 출범.

정동
갑오

11월 28일, 춘생문 사건.

정동파의 국왕 구출 시도 실패.

10월,
손문이 1차 광저우 봉기에
실패하고 망명.

나도! 나도
식민지 먹을 거야!!
But, 에티오피아는
이미 프랑스와 러시아에서
무기와 군사 고문단을
지원받고 있었다.

그 외에도 1895년에는

1월, 1차 에티오피아-이탈리아 전쟁 발발.

1차 아르메니아인 대학살.

1년 전 오스만제국은
아르메니아 민병대 척결을 구실로
사순 사건을 벌였고,

이로써 촉발된
제국 전역에서의 아르메니아인 학살은
1896년까지 이어진다.

이교도는
죽여도 돼!

약 8~30만 명에 달하는
아르메니아인이 살해당한 것으로 추정.

아, 물론
같은 이슬람이라고
안 죽이는 건 아님.

2월,
쿠바 독립전쟁 발발.

Havana,
ooh na-na~!♬
뭐?
하바나
우, 내놔!!

프랑스군이 마다가스카르 정복 출병.

마다, 마다.
위~잉~
MADA
섬은 평정했지만,
말라리아로
6천 명 사망;;

6월,
독일의 킬 운하 개통.

유틀란트
반도 Cut!
이로써 발트해에서
북해로 나가는
자유로운 수로 Open!!

마르코니가
무선통신 발명.

ID : Marconi
Passworld : Vival'Italia!

뢴트겐이
X선 발견.

루돌프 디젤이
디젤엔진 개발.

개발하는 김에 최초의
바이오 연료도 사용.
이 디젤엔진을
움직인 연료는
콩기름으로 만든
최초의 바이오 디젤유다.
뤼미에르 형제가
영화 〈열차의 도착〉 제작.
이 영화 프리퀄
〈열차의 출발〉도
나온다던데.
아, 그건
OTT로만
풀린대요.

스와로브스키 창립.

H. G. 웰스,
《타임머신》 출간.

1018회!
3, 19, 21, 25, 37, 45!
what?
내가 너무 빨리 왔나?!
내가 너무 빨리 왔어!!

히구치 이지요,
《키 재보기》 발표.

느그 집엔
이런 거 없지?
너, 봄 감자
탕후루가
맛있단다~!

1896년

2월 11일,
아관파천.

빽
궁을 탈출한 전하의 명에 따라 갑오파 정권 수뇌부 모조리 피의 숙청!
퍽

4월,
《독립신문》 창간.

이제 조선 정치도 좀 문명개화하자!!
독립신문

7월,
독립협회 설립.

독립협회
정동
동
조선 정치 당파 최종 진화체!

5월,
러시아 황제
니콜라이 2세 대관식.

5월 30일,
호딘카 참사.

대관식 축제에 몰린 인파 압사 사고로 1282명 사망.

6월 3일,
러청밀약.

1896.
러청밀약

對일 공수 동맹,
러시아에 만주 교통로 제공.

6월 9일,
로바노프-야마가타 의정서.

러·일 양국의 조선에 대한
동등한 권리.

6월 30일,
對조선 회답 항목 교부.

1896
To.조선
답변서

조선에 군사 교관과
경제 고문 파견.

5~10월,
이홍장 세계 일주.

10월,
런던에서 손문 납치.

납치 12일 만에 풀려나고,
언론 보도를 통해 국제적
인플루언서 등극!

아~두 와,
두루와.

그 외에도 1896년에는

3월 1일, 아두와 전투.

이탈리아군 대패.

전사 7천 명,
포로 3천 명;;

10월,
아디스아바바조약으로
전쟁 종결.

에티오피아의
독립을 존중하며,
에리트레아 국경선도
조금 양보해드리고;;

포로 몸값도
지불하시고.

니, 어디 가서
유럽이라고
하지 마랔ㅋ

8월,
필리핀 독립혁명 돌입.

필리핀 독립
만세!!!

착한 스페인인은
죽은 스페인인뿐이다!

그 '필리핀'이 스페인 국왕
펠리페 2세 이름
딴 거라는 건 알지?

펠리페 2세는
죽은 스페인인이니까
괜찮음.

그리하여 스페인은
태평양과 대서양, 양쪽
식민지의 동시 반란에
직면한 것이다;;

ㅎㅎ~

6월, 메이지
산리쿠 지진 & 쓰나미.
동북 지방
앞바다 산리쿠 해역의 해저
지진에서 비롯된 쓰나미로
2만 2천 명 사망!!
2011년 도호쿠 대지진도
산리쿠 지진이었죠;

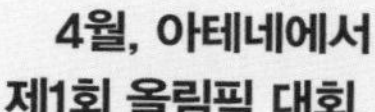

**4월, 아테네에서
제1회 올림픽 대회.**

더 빨리, 더 높이,
더 힘차게!!
776 - 1896
ΟΛΥΜΠΙΑΚΟΙ
ΑΓΩΝΕΣ
드디어 각 민족 우월성 서열
공식 판정기가 생겼다!

**서울에서 두산 그룹의
전신인 박승직 상점 개점.**

BEARS
BEARS
BEARS
나왔다! 나왔어!
두산이 나왔어~!
나왔다! 나왔어!
옛날에 나왔어~!

시엔키에비치,《쿼바디스》 출간.

주여, 무엇을
시키시겠나이까??
MENU
…쿼바로우;;

산업 활동에 따른
CO2 증가로 점차
지구 온도가 오르겠지.

**한편 스반테 아레니우스가 온실가스 증가와
지구 온도 상승에 대한 관계식 도출.**
(21세기까지 쓰인다)

호재인가요,
악재인가요?

지구온난화는 물론 킹왕갓 호재지요!

따뜻해지는 날씨 덕분에
인류의 거주 가능 공간도,
식량 생산도 크게 늘어날 겁니다!

아레니우스는
지구온난화
낙관론자였음.

지금의 CO2 증가 속도로
기후에 뭔가 영향을 미치려면
앞으로 1천 년 정도는
더 걸리겠지요.

1897년

2월 20일, 조선 국왕이
아관파천 1년 만에 경운궁으로 환궁.

10월, 칭제건원으로 대한제국 선포 및
광무제 즉위.

11월, 독일이
교주만-칭다오 점거.

12월,
러시아는 뤼순 점거.

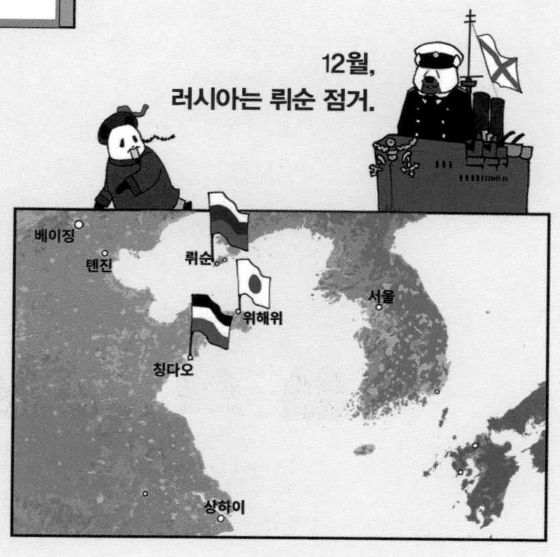
베이징
톈진
뤼순
위해위
서울
칭다오
상하이

4~5월,
그리스-터키 간 30일 전쟁.

Κρήτη
크레타섬의
그리스 동포들
해방을 위해!

그리스의 완패로 마무리.

배상금 & 국경 조정.

깝치지 마라.
아직 제국 간판
안 내렸다.

브라질에서
카누두스 전쟁 발발.

카누두스의 이단 종교 공동체
토벌 전쟁으로 2만 5천 명 사망.

브라질판
태평천국이여;;
안토니오 콘셀레이루 신부
세바스티앙
미륵은 돌아온다!!

8월, 스위스 바젤에서
최초의 시오니스트 회의.

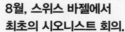

굽시오니스트
앞으로 50년!
유대인 국가는 반드시
건국된다!

그 외에도 1897년에는

아시오 광독 피해 주민들의 상경 탄원.

아시오 구리 광산
환경오염으로
농작물 다 죽고;;
사람들 다 병 걸리고 하는
현실을 좀 아시오;;
SO2
SO2
SO2
후루카와와
재벌
유럽에선 일상다반사인
별일 아닙니다요~

군의관 로날드 로스가
모기를 통한
말라리아 감염 규명.

아오, ㅅ$@#
빌런은 한 가지만
빌런이 아니라더라!!

조흥은행 설립.

조ㅎㅎㅎㅎ아욜~
최초 이름은
한성은행.
BANK

10월,
평양에 숭실대학교 설립.

모두
Sung-Sil하게
공부하는~

Sung-Sil학당!

숭실학당요?

설립자 선교사
윌리엄 M. 베어드

(베어드 선교사가 '성실'의 영문 표기를 '숭실'로
읽어서 '숭실대학교'가 되었다는 카더라 야사가…)

야, 머 하냐?
야마하 창립.
야마합니다.
YAMAHA

조지프 J. 톰슨이
전자 발견.
10만 전자
가즈아아아!!!

상쾌!
바이엘社의 펠릭스 호프만이
아스피린 합성.

꺼어어어억!!
전직 선전관 민병호가
활명수 론칭.

1897년 솜사탕 발명

제과업자 존 C. 와튼 & **치과의사** 윌리엄 J. 모리슨의 협업으로.

브람 스토커,
《드라큐라》 출간.
BRAM

1898년

1월, 독일의 칭다오 점거와
러시아의 뤼순 점거, 영국 함대의 인천 입항과
일본 함대의 대한해협 출동으로 황해 위기 국면.

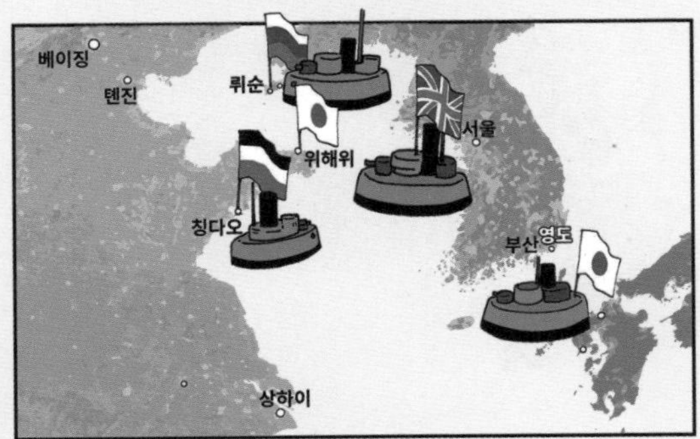

베이징
텐진
뤼순
서울
위해위
칭다오
부산
영도
상하이

3월 10일, 종로에서
러시아의 절영도 조차와
한러은행 설립을 반대하는
만민공동회 개최.

4월 25일,
니시-로젠 협약.

로·니
협정!

한반도에서 러·일 서로 거리 두기.

3~5월, 청국 대일 배상금 대출 4개국-
독·러·영·불의 각 요지 조차 조약.

칭다오
뤼순
위해위
황해 위기 해소!

6월,
무술변법 시작.

무근전

100일 개혁 기간에
각종 혁신 조치 남발.

7월,
경사대학당(現 베이징대학) 설립.

9월 21일,
무술정변.

서태후의 반격으로
광서제 유폐.

변법파 대신들 처형 및 도주.
개혁 조치들 무효화.

6월 22일,
자유당과 진보당 합당으로
민권 세력 대통합, 헌정당 창당.

헌정
헌정당

6월 27일,
최초로 여야 정권 교체로
최초의 민권, 정당 내각인
1차 오쿠마 내각 수립.

감투
내놔라!!
자유당계
헌정
헌정당
진보당계
헌정
자유당계
헌정
진보당계
당
번벌
정당
내각

자유당계와 진보당계의 내분으로
10월 29일에 헌정당 분당.

다음 날 1차 오쿠마 내각 붕괴로
4개월간의 데모크라시 체험 종료.

9월 11일,
김홍륙 독다 사건.

10월,
연좌제 반대, 수구파 대신 퇴진을
위한 만민공동회 시위 진행.

10월 29일,
의회 설립을 촉구하는
거국적 관민공동회 개최.
헌의 6조 품의.

11월 5일,
수구파의 반격으로
독립협회 지도부 체포.

이에 만민공동회는
석방 시위 진행.

11월 10일,
독립협회 지도부 모두 석방.

의회(중추원) 개설 시위 계속 진행.

11월 21일,
보부상의 만민공동회 습격.

만민공동회의 반격,
보부상 격퇴.

시위대 분노,
폭동 발발.

보수파 인사들 자택 방화, 약탈.

11월 23일,
정부가 만민공동회의 요구
모두 수용.

친독립협회 내각 수립.

11월 26일, 국왕 친유.

12월 15일, 한반도 사상 최초의
의회(상원)인 중추원 개원.

중추원

개원과 동시에
박영효 복권 운동 시작.

박영효 사면!
박영효 등용!

12월 22~24일, 군 동원
만민공동회 해산 작전 개시.
만민공동회 최종 붕괴.

크리스마스 반동

의회 설립 등의
개혁 조치 백지화.
독립협회 인사 모두 축출.
광무황제의 승리!
무술민란은 황실과 근왕파의
승리로 끝났습니다.
이겼닭! 오늘 저녁은 덕수궁 와플이다!

그 외에도 1898년에는

2월 15일, 메인 호 폭침.

쿠바 독립전쟁 개입각을 재던 미국의 군함 메인호가 하바나에서 의문의 폭침.

메인호를 기억하라!!
운메이노~

對스페인 개전 여론 고조.

4월 22일, 미서전쟁 개전.

하;; 미국 독립전쟁 때 도와줬는데;;

5월, 마닐라만 해전에서 미군 승리. 6월, 미군이 괌 점령.

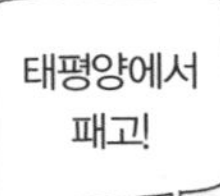
태평양에서 패고!

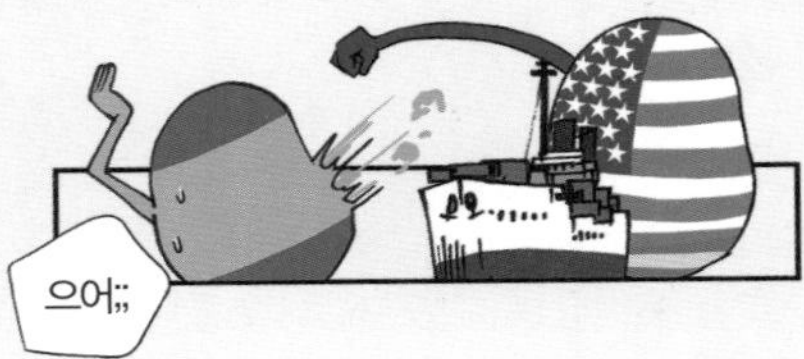
으어;;

서재필,
군의관으로 참전.

가자!
러프 라이라이차차차더!
대서양에서
조지고!!
겁나 세뇨;;
세뇨르;

T. 루스벨트의 Rough Riders

7월, 쿠바 산 후안 언덕 전투에서 미군 승리.
산티아고 해전에서도 미군 승리.

8월, 스페인 항복.
12월의 파리조약으로 필리핀,
푸에르토리코, 괌 할양.

여 썰고, 저 썰고.
쿠바는 독립국이다.

필리핀도
독립국이죠!!

6월 12일,
필리핀 독립 선언—
필리핀 1공화국.

9월, 선출 의원과 지역 지도자들로 구성된
아시아 최초의 제헌의회 소집.

마롤로스 헌법 제정.
대통령 이름이 어떻게 아기 날두…
초대 대통령
에밀리오 아기날도(29세)
발행한다! 건국 기념 우표우!!

한편 1897년
터기와의 전쟁에서 진 그리스지만,
열강의 압력으로 1898년 8월에
크레타 자치국 설립.
ㅎㅎ
Κρήτη

서아프리카에서 지부티까지 아프리카 동서 횡단을 추진하는 프랑스.
수단 마흐디국을 멸망시키며 남진해 아프리카 남북 종단을 추진하는 영국.
파쇼다
파쇼냐!?
9월 18일, 영·불 양측 선발대가
파쇼다에서 조우. 파쇼다 사건.

11월, 프랑스가 물러나며
긴장 해소.

예아~!
파소다!!!

9월 10일,
오헝제국의 엘리자베스 황후를
이탈리아 무정부주의자가
묻지마 암살.

11월, 노스캐롤라이나 윌밍턴시에서
미국 역사상 유일하게 성공한
쿠데타인 윌밍턴 쿠데타 발발.

민주당 백인 민병대가
시의회 투표소를 무력 점거,

무력으로 공화당 시장과
흑인 의원, 공직자들을
지역 밖으로 추방.

이 과정에서
흑인 약 60~300명 피살.

7월 4일,
세이블 연안에서
여객선 라브루고뉴호 침몰로
549명 사망.

배에서 분리하기 불편한
목제 구명보트 때문에
피해가 늘었다!

이제
모스크바에
떨궈봅시다.

퀴리 부부가
라듐 발견.

한스 폰 페히만이
폴리에틸렌 합성.

지구를 다
덮어버리겠다!!
PE

(오늘날 세상에 가장 많이 존재하는 플라스틱)

에른스트 융너가
니켈 카드뮴 전지와
알칼라인 전지 개발.

H. G. 웰즈, 《우주전쟁》 출간.

화성에서
세발낙지들이
쳐들어왔다고?
츄릅~

1899년

大 韓 國 制

8월 17일,
대한국 국제 반포.

5월,
서울 시내 전차 운행 시작.

9월, 경인선 개통.

1월,
미국-필리핀 전쟁 발발.

필리핀은 내
꿰 보상이다!!!
전쟁 이름이
어떻게 미필전쟁;;

아빠 맥아더 장군

2월 16일,
펠릭스 포르 대통령이
집무실에서 복상사.

유명 팜므파탈
마르그리트 슈타인하일

9월,
영국과 오라녜, 트란스발 공화국 간
2차 보어전쟁 발발.

남아프리카 전체
다 먹어보어요~!

12월, 영국군의 졸전으로
Blak week 참사.

1주일간
세 번의 전투에서
세 번 다 참패;;;
보어물
찌끔만 맛봐라!

2월, 베네수엘라에서
'60인의 침공' 혁명.

사나이 60명이면
천하를 뒤엎는다!

9월,
콜롬비아 내전–
1천 일 전쟁 발발.

D-1000
그 천 일 동안~♪
힘들었었나요~ ♬

2월, 벳시 산사태.
에히메 벳시 구리 광산의 오랜 채굴로
형성된 민둥산과 토산이 폭우로 붕괴.

567명 사망!

9월,
인도네시아 세람 쓰나미.

3864명 사망;;

그 외에도 1899년에는

일본인들의 페루 이민 시작.
1차에 790명 페루行.

세비체,
스키?
무차무챠스
스키데스.

1899년,
NEC 창립.

빔 프로젝터
회사 아닌감?
NEC
쿳, 한때는 올려다보지도
못했을 회산데…

모리, 나가.
ㅇㅇ
모리나가 창업.

다비트 힐베르트,
《기하학의 기초》 출간.
기초라며!!!
기초라면서요!!!
그 '기초'가
아니다…

키플링, 《백인의 짐》 발표.

읍; 읍;
용사여~
백인의
짐을 져라.
보글보글

학질에는 역시
3천 년 묵은 거북이
등껍질이 최고죠.

국자감 좨주
왕의영

음? 이거
글씨 아녀??

1899년,
왕의영이
갑골문 발견.
은나라는…
실존했다!!!

한림원에 다 모아놓고
연구해야지~
음? 베이징 하늘이
왜 이리 뻘겋지?

1900년, 베이징에 큰 거 오는가!?

굽씨의 오만잡상

역대 러시아 차르들은 (되지도 않는) 평화의 수호자 코스프레를 즐기는 경향이 있었다랄까요. 언제나 그들의 독실한 신앙심과 따뜻한 성품으로 세계에 선한 영향력을 미치고 싶어 했습니다. 이제 30대에 접어든 젊은 차르 니콜라이 2세는 이를 더욱 성대하고 공식적인 뭔가로 드러내고자 했습니다. 마침 세상은 고도로 발달한 무력을 갖춘 강대국 간의 분쟁이 불러올 참혹한 결과에 대해 우려하고 있었고, 이에 전쟁을 대하는 자세를 서구 문명인의 수준에 맞는 레벨로 업그레이드 해야 한다는 공감대가 형성되고 있었습니다. 그리하여 1899년 국제법의 메카인 네덜란드 헤이그에서 첫 번째 헤이그만국평화회의가 열리게 됩니다. 주요 열강을 포함해 26개국이 참여한 회의에서 3개의 주요 협약과 3개의 부가 선언이 도출되었습니다.

- 3개 주요 협약

1. 국제분쟁의 평화적 해결을 위한 협약- 이를 위해 국제분쟁을 중재할 상설 중재재판소가 설립되었습니다.
2. 지상전에 관한 국제법과 관습법에 대한 협약- 기존 제네바협약에 명시된 부상자와 전쟁포로 처우에 관한 조항을 포함하며, 생화학 무기 금지, 약탈 금지, 점령지 주민에 대한 징집 금지 등이 포함됩니다.
3. 기존 제네바협약 원칙을 해상전에 적용하는 협약- 병원 표식을 한 병원선에 대한 공격을 금지하고, 모든 부상자와 난파 선원의 구호, 치료를 의무화합니다.

- 3개 부가 선언

1. 향후 5년간 풍선, 또는 이와 비슷한 새로운 수단으로 발사체나 폭발물을 발사, 투하하지 않도록 한다(아직 비행기와 미사일이 발명되지는 않았지만, 공습의 가능성에 대한 예상은 이미 다들 하고 있었던 것).
2. 질식성 유독가스 확산을 목적으로 하는 발사체 사용을 금지한다(생화학 무기 사용에 대해서도 이미 다들 예상하고 있었음).
3. 신체에 박힌 후 변형되는 탄환의 사용을 금지한다. 즉 몸 안에서 꽃처럼 펼쳐져 치명상을 입히고 치료를 어렵게 하는 비인도적인 탄환- 구체적으로 덤덤탄의 사용을 금지한다.

ps. 당대에는 아직 상상의 영역이었지만, 15년 후의 전쟁에서 부가 선언 1, 2조에 언급된 내용이 다 실현된다는 부분이 ㅎㄷㄷ하군요.

제 2 0 장

기해건저

* **기해건저** 己亥建儲

기해년에 후계자를 세우다.

1898년 9월, 무술정변으로
자금성 내 격실에 광서제가 유폐되고,

BaJiang
그 자리에 앉혀준
큰이모의 은혜를
잊으셨소이까.

저놈, 저거
갇혀 있으면서 계속
원한의 칼을 갈 텐데…
CiXi
아무래도 뒤탈이 없도록
말 잘 듣는 아이로
황제를 교체할 필요가 있다.

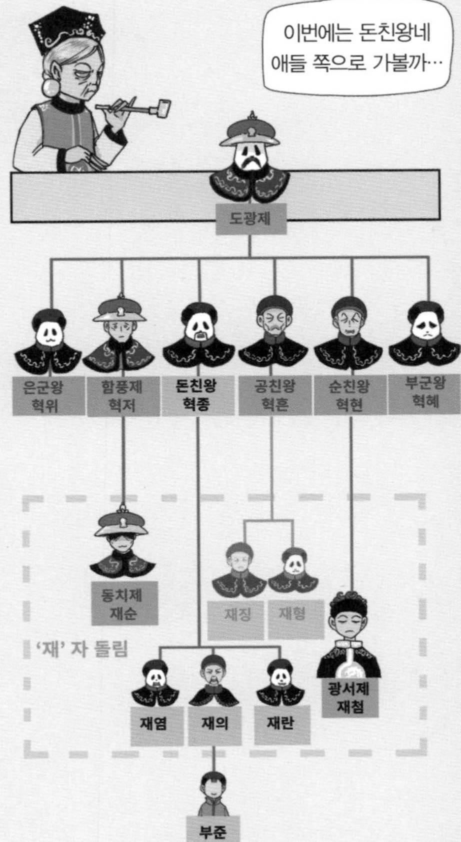
'재' 자 돌림 항렬 아래,
'부' 자 돌림 항렬에서 적당한
아이를 물색해야 한다.
이번에는 돈친왕네
애들 쪽으로 가볼까…
도광제
은군왕
혁위
함풍제
혁저
돈친왕
혁종
공친왕
혁흔
순친왕
혁현
부군왕
혁혜
동치제
재순
재징
재형
'재' 자 돌림
재염
재의
재란
광서제
재첨
부준

함풍제의 동생이자 공친왕의 형인
돈친왕 혁종은 머리가 조금 딸려서
자금성 바보 형 포지션이었고.

영웅호걸답게
한자 까막눈임!

귀족적 교양과는 담쌓고 살며
저잣거리에서 시정잡배들과
탁주-양꼬치 파티를 즐기는 따거.

소50야!
소50야!
오야!

백성과 눈높이가
일치하는 유일한 황족이지!

베이징 시민들은 돈칭왕을
'소50야'(5황자 아재)라 부르며
친근하게 여겼다.

아, 글쎄 양놈들이
애들 눈깔 뽑아다가
카메라 렌즈
만든다더라니까!
아! 형, 샤워
언제 했음?!?
양무PLAN

당대 일반 백성
평균 눈높이.

무식한 거 싫어하는
서태후는 돈친왕과 별로
사이가 좋지 않았고.

형수님!!
내 술 한잔
올리겠시다!!
궁궐에서
웃통 벗고 돌아다니지
말라고요!!!

아무튼 돈친왕은 1889년에
세 아들을 남기고 별세.

양놈들이 결국
지구를 망칠거야!!

큰아들 재염이
돈친왕 작위를
물려받았고.
셋째 재란은
보국공 작위를 받았고.

차남 재의는 어렸을 적에
단군왕家(도광제 동생네) 가계를 잇기 위해
입양되어서 단군왕을 계승한다.

뭐… 왕?
단왕 재의

단왕 재의는 애비와 달리
충용하고 똘똘한
부분이 있지.

서태후의 눈에 들어
서태후의 친조카와 결혼.

그 결혼으로
아들 부준이 나온다.

부준 1885년生
뭐, 애가 제법
똘똘해 보이는고로…

…느그 아들 부준을
다음 황제 시켜야겠다.

탁월한
선택이십니다!

그렇게 1899년,
단왕 재의의 아들 부준을
'대아가'(대충 황태자)로 임명.

…이상과 같이 천지신명께 고함.
황제 권한 대행
대아가 부준!

대아가 부준은 유폐된 광서제 대신
각종 의례를 황제 대행으로 주관한다.

영민하시옵니다~!

1900년 설날에 양위를 진행,
황제를 교체해보더라고.
연호는 '보경',
새 황제 보경제.

아, 그게, 저, 그건 좀
재고해주십사 하는
중신들의 우려가 있사온데…
음?
군기대신 영록
경친왕 혁광

단왕 재의와 그 당파는
극단적 배외주의자들.
양귀 OUT!!
양놈들을 중국 땅에서
모조리 쫓아내는 것이
우리의 사명이다!!

서양에서
무슨 선한 것이 들어오겠느냐!!
양무운동은 매국운동!!
서구 기물 도입을
추진해온 양무운동 분쇄!!
쇄국 애국!! 강건성세로 돌아가자!!

이에 비해 영록과 그 일당이
무술변법을 박살 내긴 했지만,
서구 문물 도입 자체는 계속 추진해오고 있다.

무기 도입하고,
공장 세우고,
독일로 장교들
유학 보내고,
군 근대화하고.

훗날 북양 군벌의 핵심이라
할 신건육군 –
무위군이 영록의 주도로
편성되고 있다.

영록의 심복이 된
원세개가 그 양병을
맡는다.

변법파가 설립한
베이징대학교도 영록의
개입으로 폐교를 면했죠.

즉 서태후 휘하의
후당 세력이
두 갈래로 나뉘어
대립하는 형국.

단왕 재의 휘하
수구 배외파

영록과 양무파

부준으로
황제 교체!
양귀 Go home!

황제를 갑자기
왜 바꾸냐!
양무 Must go on!

황제 폐하
결사 옹위!!

그 시국, 상하이에서는 전보국 총판 경원선이 황위 교체 시도 반대 서명운동을 벌인다.

폐하께서 충분히 자식 보실 수
있는 나이인데, 어째서
대아가를 세우는가!!
대아가는 Big baby!!

여러 신문에 성명서 게재.

이에 체포령이 떨어지자 경원선은 (양광총독 이홍장의 비호 아래) 마카오로 도주.

사실 강남에는 근왕 변법파
동조 세력이 많았지요!

결정적으로 서구 열강 공사들도 부준의 황위 계승을 비토.

부준이 황제 대행으로 주관하는 1900년 새해맞이 행사 참석을 거절한다.

황제 폐하 몸이
안 좋으신 거면
우리 의료진
보내드린다니까요.

그 와중에 부준은 자금성에서
여러 궁녀와 놀아나며
사고를 처대고.

이제 나님이
너네 주인님이
될 거예요~ㅎ
하렘 ㄱㄱ!!

서태후의 노여움을 사게 된다.

…이 꼬맹이가 벌써
발랑 까져가지고선…
아니, 15세면
이미 쇼타도 아니죠!!

결국 1900년 1월,
서태후는 황위 교체 계획을 포기.

뭐, 당분간 폐하의 건강 상태를
더 지켜보도록 합시다.
일단 다들 자중하도록.

크읏!!!

단왕의 양무파와 서양에 대한
원한은 더욱더 깊어지고.

아오!!!
저 원수 양무파 & 양놈들
때문에 대업이
코앞에서 엎어졌구나!!!

마! 좀 기다려보면 또 적당한 기회가 오지 않겠나!
아, 재훈이 형.

장친왕 재훈
(강희제 아들 계열 친왕)

…원래 민심이 천심이라고, 자네 부친께서 그러셨듯이 백성의 눈높이에서부터 살펴보면 어떨는지.
에? 갑자기 뭔 백성?

근간 산동, 하남의 백성이 들고일어난 민란이 핫한데,
그 도술이 아주 용하다더구먼.
…시즌 N번째 사이비 민란인감…

아니, 근데 얘네는 여태까지의 민란들과는 다르게 청조가 메인 타깃이 아니야.
양놈, 기독교 다 죽이자!!

제 2 1 장

매화와 주먹

1900년 초엽, 산동과 하남, 섬서의
소요 사태가 조정에서 논해지고.

양놈 공사들이
안티 기독교 폭동 어떻게
좀 하라고 난리 치는데;
또 뭔 사이비 단체가
날뛰는 모양이라지.

反기독교 민란의
실상 조사를 위해
조사관들이
해당 지역에 파견된다.

병부상서 **타탑랍 강의**　　형부상서 **조서교**

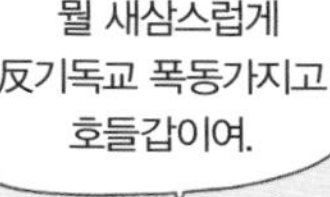
뭘 새삼스럽게
反기독교 폭동가지고
호들갑이여.

…이른바 '교안'이라 불리는
反기독교 소요 사태는
실로 19세기 후반 내내 이어져온
대륙의 일상.

아편전쟁 이래
청불전쟁과 청일전쟁을 거치며
백성의 배외 감정은 더욱 강해졌고.

구원받으세요~!
예수천국
불신지옥
양놈들과는 구원(舊怨)이
너무 많이 쌓였네요.

내륙 수로의 개방으로 서양 선교사들의 진출이 크게 늘어 백성과의 접점이 많아지며, 그만큼 교안은 더 늘어왔습니다.

선교사들이 제국주의
첨병이라는 건 아프리카
친구들이 알려줬지!!

1897년, 조주에서의 독일 선교사 피살 사건이 독일 함대 진입의 좋은 구실이 되어–

결국 칭다오가 독일에 먹히고, 다른 열강들에도
요지 한 조각씩 다 뜯긴 사례를 생각하면,

교안은 가볍게 여길 수 없는 문제입니다.

ㅇㅇ. 절대 가볍게 여기지 말고,
더 뜯기기 싫으면 우리 선교사들
케어 잘하라고.
하, 하잇;

각 지방 수령들에게는
서양 교회 보호 조치가
강조되었고.

절대 선교사분들을
놀라게 해서는 안 돼.

청조는 1890년대 세 차례에 걸쳐
칙령으로 서양 교회에 대한 '官'의 보호를 강조.

So, 지역 주민들과 교회 간에
분쟁이 생길 경우-

도둑질한 거
내놔라 !!

지방 관아는 무조건
교회 편을 들어주게 된다.

너 사탄 들렸어?!
왜 교회에 삿대질이야?!

퍽

이러면 양놈들에게
책잡힐 일 없겠지.

아오!!
강약약강 쩌네!!

그런 조치들이 백성의 억울감을 더욱 증폭시켰고.

서양 선교사들은
관의 비호 아래 교세를
쭉쭉 확장.

입교하시면
맛난 거 드립니다~
가난한 유랑민들이
죽 한 그릇에 입교하는 일이 잦았다.
이것이 야곱의
팥죽 한 그릇인가!

허, 입교하면
관이 비호해주고 교회에서
먹을 것도 주고 하면,
백성이 모두 다 교회로 몰려가
할렐루야 외치겠는데요?
종교, 이념 같은 건
그리 간단하게
좌우되는 게 아니죠.

기독교가 제시하는 삶과 정신의 방식은
중국인들이 조상 대대로 가져온 방식과
너무나 이질적인 것.

계집애같이 우는 관우를
왜 숭배하는가?!
저, 저, 미친
양귀놈들;;

백성의 씨족, 부락 공동체는
정신적 · 문화적 DNA 공유를 통해
구성원들의 사회적 삶을 만들어준다.

공유된 믿음, 의례,
도덕, 예절 등등으로…

한 개인이 갑자기 이를 싹 다 부정하고
혼자 기독교로 날아간다는 건, 문자 그대로
사회적 인간이길 포기한다는 것.

할렐루야!!!
사회적 삶을 포기한다니!!
사람이 아니게 된다고!!

So, 그런 씨족, 부락 공동체 밖의
뜨내기, 부랑민들이 교회에
많이 입교했고.

응, 그딴 거
원래 없었음~
ㅅㄱ~

이는 **교민**(교회 신자)에 대한
백성의 경멸감을 심화한다.

교회 입교하면
저딴 놈들을
사형이라고 불러야
되는 건데;;;
절대 ㄴㄴ;;;

뭐, 교회가 원래 그런
사회적 탈락자들에게
구호와 안식을 제공하는
곳이랍니다.
아멘~!
신앙을 통해 구원받고 선한
심성을 수양한 교민들도
물론 적지 않았을 테지만…

많은 교민이 서양 선교사의 위세와 관의 비호를 업고
마을 주민들을 깔아뭉개며 갈등을 일으키기도 한다.

이 마을 공유지는 이제
교회 주차장이다!!
교회부지
JESUS LOVE YOU

뭐, 그래서 분노한 마을 주민들이 횃불과 죽창을 들고 교회로 쳐들어갔다는 건가?

아니, 사실 요즘 백성은 예전과 달리 몸을 좀 사리는 경향이 있다랄까요.

직접 칼을 드는 건 좀 꺼림직하죠;
곧 20세기잖아요, 20세기. 옛날 사람들처럼 수틀리면 바로 죽창 드는 시대가 아님.
그러면 대체 그 소요 사태란 어떻게 된 일인지, 여기서 좀 구체적으로 알아보도록 합시다.

지난
산동순무아문

아이고, 먼 길 노고가 크십니다~! 누추한 곳을 다 찾아주시고~

산동순무 **원세개**

각설하고, 바로 그 소요 무리에 대해 말씀드리자면… 그게 다 옛날부터 이어져 내려온 강호 재야의 마피아놈들이지요.

아시다시피 이 대륙에는 온갖 마피아 비밀결사가
수백년 동안 드글드글 이어져왔고.

뭐 **백련교**, **천지회**, **대도회**, **소도회**, **홍문**, **삼합회** 등등.

문신
암호
손 모양
회원증
(누르하치 하타치)

뭐 대충 그 비스므리한 비밀결사 놀이하는
한량, 백수, 건달 등등이 넘쳐나는지라.

우리 마을 교회 횡포가 선을 넘는데,
한번 손 좀 봐주십쇼.

마을 주민들이 그런 비밀결사 무리를 불러다가
교회에 물리력을 행사하는 양상이
최근 빈번했던 거죠.
예수가 너희에게
가르친 권법은
무엇이더냐!!
그중에
매화권을 수행한다는
무리가 있었는데.
매화향이
난다오?
우리가 매화권의
이름을 세상에 알려
탈속한 사부님들께
폐를 끼칠 수는 없지.
So, 우리 권법은
매화권이 아니라
의화권이라
칭한다!!
의화화화~!
義和拳

뭐, 저 이야기도 의화권의 성립에 대한 여러 설 중에 하나일 뿐이고,

의화권의 배경과 성립을 어떤 주체를 두고 명확하게 설명할 수는 없습니다.

저 비밀결사 놀이꾼들의 근간 유행하는 플로우가 '의화권'일 뿐인 게지요.

백련교 밀통을
계승한 의화권!!
홍문
의화권!!
대도회에서
의화권이 나오다!!

대충 공통적으로
사이비 약장수 도술을
표방한다는 부분이 있습니다.

득도해
도검불침!!
키 체조로
5cm 자람!!

그러니까 의화권은
하나의 체계를 갖춘 조직이 아니라,
아무나 다 같은 간판을 걸 수 있는
일종의 '김밥천국'.
김밥천국이 단일
프랜차이즈가
아니었다고?!

ㅇㅇ. 상표가 아닌 걸로
되어놔서 아무나
다 쓴다고 함.

산동성의 초기 의화권 지도자인
주홍등은 의술과 권법 강습을 통해
의화권의 세를 불려왔습니다.

스트레칭을 통해 거북목에서
벗어나면 도검불침을
얻게 된다네.

수천의 무리를 모은 주홍등은 교민 갈등에 개입,
1898년 6월부터 1899년 말엽에 이르기까지
스무개 남짓의 교회를 불사르며 돌아다녔습니다.

저 의화권 무리– **권비**들에 대해
1899년쯤에 서양인들이
산동성에 항의했고.

권비들이 교회 불 지르는 거 처벌해주시오!!
권은…비…

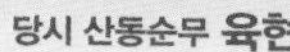
당시 산동순무 **육현**

너네가 서양 교회에 불 질렀어?
아니요? 불 무서워요.
어, 그래. 잘하자.

육현이 권비들을 비호하자
서양인들은 조정에 항의.

저 테러리스트 싸고도는 산동순무 당장 교체하시오!!

산동순무 육현은 내키진 않았지만,
조정의 압박을 이기지 못하고 이임 직전
주홍등을 체포해 1899년 12월에 처형합니다.

빨리 죽여!!!
조금 과격한 생활체육 지도사일 뿐인데…;;
이것이 거북목 교정의 최종 솔루션입니다.

이후 양놈들의 추천으로
원세개가 산동순무로
부임하게 된 것.

서양식 교련으로 말이 통하는 사람이지.
으허헣ㅎ!! 드디어 장관급 출세다!!!

주홍등의 복수다!!

산동에서는 염서근, 조삼다 등이 의화권
권비들을 이끌며 소요를 이어가고.

1899년 12월, 선교사
시드니 M. 브룩스 피살.

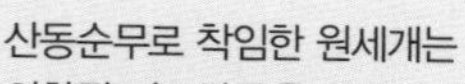
산동순무로 착임한 원세개는
의화권 지도자들을 초대.

이 사형께서는
득도해 도검불침의
경지를 득하셨다던데…
ㅇㅇ. 몸에 날붙이가
들지 않게 된 지 오래라
손톱 깎을 때 좀 힘들지요.

그러면 한번
확인해봐도?!
푹 찍

흠… 요즘 수련을 좀
게을리하신
모양이군요.
투당
투탕
타다당

이 산동 권비놈들은
나님이 데리고 온
신군 – 무위우군의 총구 앞에
웨하스처럼 바스러져갈 뿐.
큭, 스트레칭이 부족해서
피부가 탄환에 뚫린다;;

저 의화권 권비놈들은
하나의 깃발 아래 조직되어 있는
무리도 아니고, 변변한 무기도 없고,
싸울 의욕이 충만한 것도 아닌지라.

솔직히 중국사 역대 민란 세력 중
전투력 최하위 허접쓰레기들이
아닐까 싶습니다.

그런데 산동성에서의 의화권
토벌로 인한 풍선 효과로,
베이징
직예
산서
산동
하남
권비들이 하남과 산서,
직예로 퍼져나가고
있는 형국.

So, 권비들이 새롭게
크게 흥하고 있다는
산서성에 들러보겠습니다.

산서성 성도 타이위안

청신주, 천창창,
지창창!
양놈 교회
국적 구분법
알려드립니다.
여기서는 그냥
대놓고 권비들이
의화권 컨벤션을
진행하고 있구먼.

아니, 솔직히 의화권
자체는 그냥 권법 수행일
뿐이잖아요?
지역 주민과 교회 간의
분쟁도 따지고 보면
교회 쪽 잘못이고.
산동순무에서 짤린 육현이
산서순무로 와 있다.
무조건 나쁜 놈들이라고
잡아 족치는 건 해결책이
아니지요.

오히려 의화권 단체들을
정식 '단련'으로 공인해주는 게
저들을 제어하는 상책!!
(단련: 정부 공인 민병대)
이제부터
자네들은 정식 단련-
'의화단'이다!
순무께서
현명하십니다!

걔네 확장성을
높게 평가할 수밖에 없는 게,
사람들 모으는 방식이
진짜 개쩔어요.

'나' 안에 갇혀 있는 가능성의 폭발력을 깨우십시오!!
여러분은 스스로 원하는 그 무엇이라도 될 수 있습니다!!

내 안의 포텐을 깨우기 위한 촉매제로 부적을 사용해봅시다.

부적을 태워 삼키고…

그갏갏갏갛갏갏가가가랗

깨어나라!!!
역발상 기계새!!!
Reverse Invention Machine
Bird!!!
나는 초패왕
항우다!!!

유방
내놔!!
우오오오오오!!!!
항우다!
항우!!
항우
Bing의!?!

저 위에는
다운로드될 몸을 찾고 있는
수많은 영웅이 있습니다!!
삼국지의 영웅들!
서유기의 영웅들!!
의화권의 셀프 웨이크닝 프로그램을
통해 여러분은 저 영웅들을
내 안에서 깨울 수 있게 됩니다!
우리는 의화권에 대해
너무 몰랐습니다!
정말 위대합니다!
사형!

내 안의 장비!
내 안의 여포!!
내 안의 크레이지 멍키!
신내림!!
신내림!!
신내림!!

나는 장발장이다!!
I'm 뱃맨!
내가 타이슨이다!
천마 마잭!
티라노 사우르스다!
ㄱㄱ 고나우!!
좀 더 강력한 영웅의 신내림을 원하십니까!
SSR급 영웅 강림 부적 10장 세트, 50% 세일가로 모십니다!

아니, 근데 내가 관우 신내림 받았는데,
나도 관우!
나도 관우!
나도 관우!
어떻게 다른 사람들도 동시에 관우 신내림을 받을 수 있는 건가요?

아, 멀티버스의
여러 관우가 있습니다.
클래식 관우
관우 얼터
관우 릴리
메카 관우, 할로윈 호박 좀비 관우,
비치발리볼 관우 등등… 멀티버스의
여러 관우가 있으니, 동시에 여러 명의
관우 접신은 충분히 가능한 일입니다.

이처럼 정교한 설정으로
의화단 신내림 이벤트는
엄청난 인기몰이를
하고 있지요.
…감탄해야
하나요?

요지는, 저렇게 인기몰이 중인
플로우에서 적대하고 있는 목표가
서양 교회, 서양 문물, 서양인-
서양 그 자체라는 거죠.

양귀 오랑캐들!
은가누 접신해서
다 접어버린다!!

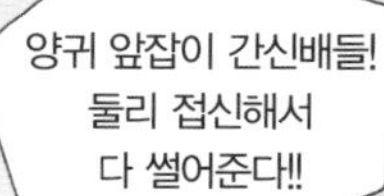

양귀 앞잡이 간신배들!
둘리 접신해서
다 썰어준다!!

양무파

그리고 서양 앞잡이인
양무파 또한
원수로 여긴다는 것!
…!!

So, 이들의 정치적
이용 가치가 있을지
어떨지… 알아볼 필요가
있지 않겠습니까?
흠…

어휴, 저희는 그저
불의와 외세에 항거하는
민초들일 뿐입죠.

너희가 세운 '멸양'의
기치 앞줄에,
나라에 대한, 태후 마마에 대한
충심을 우리가 찾아볼 수
있겠느냐?

…그리 충심을
보이기 위한
'부청멸양'이옵니다.
扶清滅洋
청조를 도와 양귀를
멸하겠나이다.

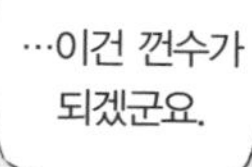
…이건 껀수가
되겠군요.

그렇게 시찰을 마무리하고
강의와 조서교는 베이징으로 귀환.

양무파를 썰어버리기에
꽤 좋은 그림이 나오지
않겠습니까?

단왕 파벌이었던 강의.

오호오…
인터레스팅~!

단왕이 이를 받아,

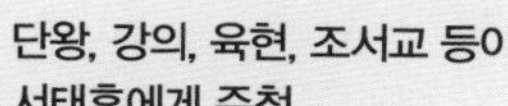

단왕, 강의, 육현, 조서교 등이
서태후에게 주청.

의화단이 꽤나 백성의 마음을
대변하고 그 안위를 주먹으로
지키는 의로움을 가졌으니,
조정이 그 뜻을 인정함을
천하에 밝힘이 어떠하옵니까.
(꽤 이용 가치가 있을 것
같사옵니다)

흐으으으음…

민중의 강력한
안티 서양 운동이라…

양놈들 반대 때문에 황위
교체를 못 하고 있는 판에…

아이고, 우리 인민들이
다 들고일어나서 서양을
몰아내자는데요;;;

대혼란을 피하려면, 뭔가 좀
익스큐즈가 있어야
할 것 같은데요~

이를 양놈들에 대한
레버리지로
이용 가능할지도?

······

서양빠 황제를
교체한다든가…

1898년 2월, 청 조정은
의화단 단련 인정 조칙 발표.

백성의 의로움을
어여삐 여기노라.
의화단은 정식 단련이다.

인정!!!
또 인정!!
정부 공인
단련 의화단!!
가자!!!
베이징으로!!!

제 2 2 장

6월의 광시곡

1900년 3월, 서양 공사단은 청 조정의 의화단 인정 조칙에 항의한다.

독일 공사 케텔러
이태리 공사 라지
영국 공사 맥도날드
미국 공사 콩거
프랑스 공사 두 시라흐
의화단인지 방화단인지 미친 사이비 폭도놈들을 실드치십니까?!

이에 청 조정은 살짝 규제령을 내리지만.

폭력 조직 결성, 살인, 약탈, 방화 등의 불법 행위를 엄금한다!
끼잉?
아오, 이 미친놈들 이제야 다 때려잡겠네.

의화단에 대한 암묵적 비호는 이어지고.

But, 지난번 의화단 인정 칙령을 철회하는 건 아님.
의화단 단속과 관련해 되도록 불필요한 충돌과 살상을 피할 것. 다 같은 천조의 백성일지니.
……
잏힝~ 의화화화화~

이에 4월, 텐진의 각국 함대가 다구포대 앞을 오가며 무력시위.

의화단 단속하라!!!
아, 베이징에 말하라고;;

1900년 봄,
직예 각지에서 의화단에 의한
교회 방화와 상점 약탈이 빈번해진다.

잘한다
잘한다 하니
아주 그냥…

직예 지역 가뭄으로
폭도들이 더욱 기승.
조만간 외국인에 대한
대규모 공격이 예상됨.

병력 좀 보내주세요.

4월, 미국 공사 콩거는
상황의 심각성을 본국에 타전.

아, 잠깐,
필리핀 좀
끝내고 갈게;

가자~!
수도권으로!!

수만의 의화단 무리가
직예로 쇄도함에,
직예총독아문은-

베이징
톈진
바오딩
선저우

직예총독 **유록**

아오, 이 좀비 떼들;;

신건육군의 기관총
동원해서 다 쓸어버리면…

조정에서
의화단 애들
관에서 잘 돌봐주라고
지침이 내려왔는데요;;

직예 지역 각 관아에서
의화단원들에게 숙식을
제공하게 된다.

오, 역시 수도권!
복지 쩌네요!
먹고 좀 꺼져주라;;

텐진에 들어온 의화단 지도자 장덕성이
의화단 통합 조직 '천하제일단'을 출범할 때도
직예총독아문에서 건물과 경비 후원.

천하제일단
총독 나으리,
명예 단원증 드릴 테니
표정 펴세요~ㅎㅎ
지역 사또들 몇 명이
정말 단원으로
가입함;;

그 밖에 의화단의 인기 지도자
조복전도 무리를 이끌고 텐진으로.

나라님 꿀,
같이 좀
빱시다!

아니, 저기, 그냥
베이징으로 가주시면
안 될까요?;;
아, 베이징은 아직
입성 허가가
안 나왔거든요.

남편 복수하러
왔시다!!

**임흑인이 이끄는
여성 의화단 '홍등회'도
톈진으로.**

과연, 20세기를 맞이해
여성의 사회참여가
활발해졌군요;;

이들 직예의 의화단 무리에
유행어로 퍼뜨린 구호가 있지요~ㅎ

1용 2호 300양을
처단하자!!
단왕

1용은 **광서제**

一龍
서구화를 추진한
서양빠 황제라
그거지…

2호는 **경친왕 혁광**과 **이홍장**

二虎
양무파의
최고위급 2명이죠.
(…저딴 인간과
한 세트라니…)

300양은 그 이하 모든 양무파 관료와
강유위 일당 등등.

三百羊
용, 호랑이에서 갑자기 양으로 넘어가다니…
진짜 억지 유행어구먼…

이런 대중(폭도) 동원 압박 여론전에는
양무파 놈들도 GG칠 수밖에 없을 것.

모처에 은거.
양광총독을 맡아 남쪽에 처박힘.

근데 양무파를 제대로 조리돌리려면 의화단이 베이징으로 빨리 들어와야 일이 될 것인데.
베이징 입성각을 어떻게 만들 것인가…
가자! 북으로!

1900년 4월 20일, 바오딩 칭위안에서 의화단이 지역 천주교회를 공격했으나, 요새화된 교회의 수비에 막혀 70여 명의 사망자를 내며 실패.

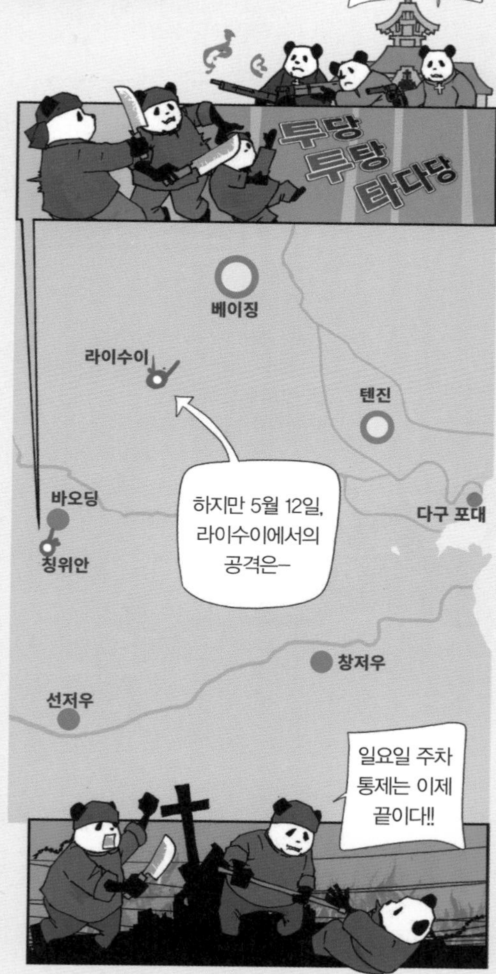
주님의 은총!
주님의 소총!
주님의 권총!
투당
투탕
타다당
베이징
라이수이
텐진
바오딩
칭위안
다구 포대
하지만 5월 12일, 라이수이에서의 공격은–
창저우
선저우
일요일 주차 통제는 이제 끝이다!!

의화단이 라이수이의 교회와 마을을 파괴하고 기독교민 68명을 살해.

아니, 아무리 나라에서 의화단 둥기둥기 해준다 해도 이런 학살극을;;

이를 진압하러 온 관군의 장교도 살해.

시끄러워요.

이에 섭사성軍이 출동,
살해 주모자들을 체포한다.

기분 같아서는 기관총으로 다 쓸어버리고 싶지만…

윗선에서는 의화단을 어디까지 봐줄 생각인가…
VIP 관심 사안임. 최대한 살살 처리할 것.

그리 주모자들이 잡혀가자,
라이수이에는 곧 수만에 달하는
의화단원들이 집결.

라이수이 전투의 영웅들을 잡아가다니!!
형제들을 석방하라!!
우리 손으로 되찾자!!

의화단의 전설적 지도자 이래중이
무리를 이끌고 나섰다고 한다.

이러저래 이래중
결국 베이징까지 가서 결판을 내야겠소이다!!

5월 27일, 의화단 무리가 베이징을 향해 진공.

베이징
라이수이
텐진
바오딩
전신선, 철도 등등 서양 것들은 죄다 때려 부수면서 행군.

아오, 저딴 맨주먹 오합지졸 폭도놈들! 진짜 발가락으로 총 쏴도 쓸어버릴 수 있는데;
신건육군 무위전군장 섭사성
윗전에서 의화단에 대한 강경 대응은 자제하고, 좋은 말로 타이르라고 하십니다.

관군과의 우발적인 몇몇 교전을 제외하고는 베이징까지 하이패스로 쇄도.

이랏샤이마세~
청일전쟁 참전 부대라 일본어도 잘하는군요.

5월 30일, 심상치 않은 분위기를 느낀 베이징의 영국 공사가 톈진의 각국 함대에 지원 병력 요청.

무지성 양까 폭도놈들이 베이징으로 밀려오는데, 청군이 막는 시늉만 하며 통과시키고 있다니까요?!

이에 5월 31일, 톈진의 각국 함대에서 긁어모은 해병대 병력 435명이 기차를 타고 베이징에 도착.

서양 공사관 구역을 이 병력으로 다 커버 가능할지?

오, 실제 양귀는 처음 봤다;;
실제로 보니 같은 인간인 걸 알겠지요?
아니, 사자인데요.

**6월 1일,
베이징 근처 융칭에서
의화단이 영국 선교사
찰스 로빈슨과 서먼 살해.**

**자금성의
긴급 대책 회의.**

결국 의화단 방치했다가 영국 선교사 둘이 죽었으니!!
영국에서 그냥 넘어가겠소? 또 왕창 뜯기겠지!!
뭐, 선교사 둘 죽은 걸로 그리 쫄고 그러시오?

군기대신 **영록**

산불은 더 큰 맞불로 꺼야 할 때가 있는 법입니다.
이 사태가 선교사 몇 명 죽은 것보다 훨씬 더 큰 뭔가라는 걸 양놈들에게 보여준다면,
양놈들도 그저 사태의 무탈한 종결이 가장 큰 이득임을 알고 무리한 요구를 피하지 않겠소이까?

얼씨구;;;;

뭣보다, 엊그제 베이징에 들어온 양놈들 해병대 병력이, 사실은 황제와 변법당의 쿠데타를 지원하기 위한 병력이라는 소문이 있습니다만.
뭬야?!?!
황제와 양놈들이 그리 수작 부리지 못하게 하기 위해서라도 의화단의 머릿수를 활용하는 압박이 필요할 듯하옵니다.

자식 된 백성이 충량한 뜻을 품고 어머니를 찾아온 어여쁜 마음을 어찌 외면하겠는가!
의화단의 베이징 입성을 허락한다!

1900년 6월 7일,
의화단이 베이징 입성.

예이!!
뿌청멸양!!
북경오리
다 뒤졌닭~ㅎㅎ
양키
Go Home
부청멸공
기다리고 있잖아
베이징~♪
just just only U!

ㄷㄷㄷ
얘네 다 어디서 먹고 자냐?

의화단의 입경이 허가된
6월 7일 이후 일주일간 베이징에 들어온
의화단원의 숫자가
10만 명에 달했다고도 하고.

단왕파 만주 귀족들이
의화단원들에게 숙식을 제공한다.

귀한 곳에 누추한 분을 모시게 되어 영광입니다.

장친왕 재훈은
의화단 지도자 이래중을
극진한 예로 맞이해 들였고.

그 자리에서 의화단 가입하고, 의화단 유니폼으로 갈아입었음!
와, 재훈이 형은 좀 진심이 느껴지네.

만주 귀족들이 의화단에 속속 가입!

이어서 감숙성의
이슬람군 – 감군이
베이징 입성.

서태후 아크바르~!
베이징 수비 명령을 받고 급히 오다!!

감숙제독 **동복상**

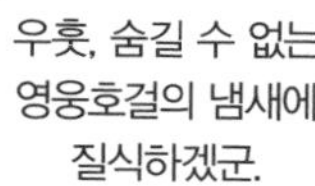

우훗, 숨길 수 없는 영웅호걸의 냄새에 질식하겠군.
그쪽이야말로 부끄러운 줄 모르고 호연지기를 마구 뿜어내시는데.

동복상은 이래중과 회동하고
바로 결의형제.

6월 10일, 단왕 재의가
총리각국사무대신에 착임.

네가 벌린 판이니, 잘 추스려서 캐리해봐라.
이제 양놈들 문제는 이 몸이 싹 다 총괄하겠소이다!!

베이징에 들어찬
의화단의 살벌한 기세에—

양귀 고 홈! 가양귀자 척살!! (가짜 양귀= 중국인 기독교인)
양귀 심판의 시간이 다가온다!!
째깍~ 째깍~

공포에 질린
서양 공사들은 톈진에
병력 증원 요청.

단왕 일파가 득세해 저것들 뒤를 봐주고 있군요;
궁 쿨 차는 대로 바로 쳐들어올 테세;;
공사관 구역 지킬 병력 좀 더 보내주시오!! 끔살각 날카롭다;;

미개한 사이비 폭도들 따위, 사흘 컷 잡는다.

이에 톈진 앞바다 각국 함대에서 차출된 병력이 6월 10일에 베이징으로 출발.

지휘관 시모어 제독 젤리코 대령

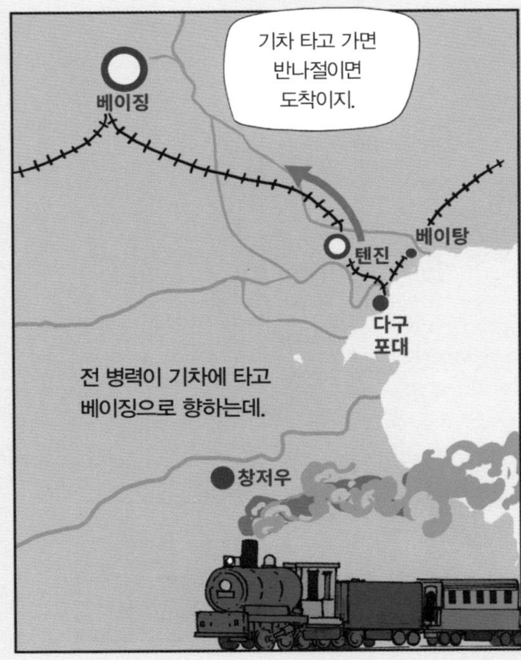
기차 타고 가면 반나절이면 도착이지.
베이징
베이탕
톈진
다구 포대
창저우
전 병력이 기차에 타고 베이징으로 향하는데.

영국, 독일, 러시아군을 주축으로 프랑스, 미국, 일본, 이탈리아, 오스트리아 병력이 모인 2100여 명.

베이징-톈진 간 철도는 이미
의화단이 파괴한 상태였고.

철도 사보타주로
당분간 수도권 열차
운행을 중지합니다.
어어?!
끼이익
기차표
환불해줘!!
양귀 여러분께서는
멀쩡한 두 다리를
이용해주시기 바랍니다.

또한 전신선도 모두 파괴되어 6월 10일
이후 베이징과 외부의 통신이 끊긴다.

으아아아아;;
이거 뭔가 좀비 영화
초입부인가;;;

연결이 되지 않아
삐소리 후…후…후…

저, 기차 타고 온다던 지원 병력이
감감무소식인데, 일본 공사관에서
사람 좀 보내 알아봐주실 수 있을까요?

일본 공사 **니시 도쿠지로**

일본인은 중국인과
같은 동양인이니, 베이징을
빠져나가는 게 좀 더
용이하지 않을는지;;

…약간 기분 나쁜
포인트가 있긴 하지만…
사람 보내 알아보죠.

쫄보 양놈들 같으니…
참깨가 뭐 그리 무섭다고…

6월 11일, 일본 공사관
서기관 스기야마 아키라가
베이징 출경 시도.

음? 누가 참깨
소리를 내었는가?
아, 잠깐,
참기름 재료 사러
시장 가는 길이죠;
서기관 따위가
어찌 고관용
거차를 타고
다니느냐?!

베이징을 빠져나가지 못하고
감군 병사들에게 걸린 스기야마는—

참수 후
조각조각 분해된다.

족바리
Cut !
끄아아아아아아아아아아아아아
외교관을
백주대낮에
토막 살해!?!!?!
몬가… 몬가…
시작되는 건가;;;;

기독교민
잡아라!!!

양뽕, 일뽕
가양귀자
잡아라!!

일본인 서기관을 죽여도
별일 없는 걸 확인한
의화단은 6월 12일,
베이징 전역에서 행동 개시.

양무파
잡아라!!

성령의 불길
체험 ㄱㄱ!!

Church,
처치!!!

베이징 전역의 교회와 학교
수십여 개가 불타고.

기독교인과 서양 학교 학생 등
수백 명이 살해당한다.

양귀 앞잡이!
제국주의
식민 주구!!

양뽕은 죽어야
빠지지!

이와 함께
대규모 약탈 병행.

그러고 보니
이번 주가
지동데이(6.18)
쇼핑 축제 주간.

아무리 미친놈들이라도 공사관은 안 건들겠지?;;;
저놈들이 '공사관'이라는 단어를 알고 있을 거라고 생각하는 부분이 정말 서양인스럽군요;;

이에 베이징 시내의 모든 외국인과 기독교인은 서양 공사관 구역으로 대피한다.

동시에 톈진에서도 의화단의 소요가 일며, 외국인 개항장 구역을 위협한다.

베이징의 너네 친구들 다 오체분시 되었다는데요?

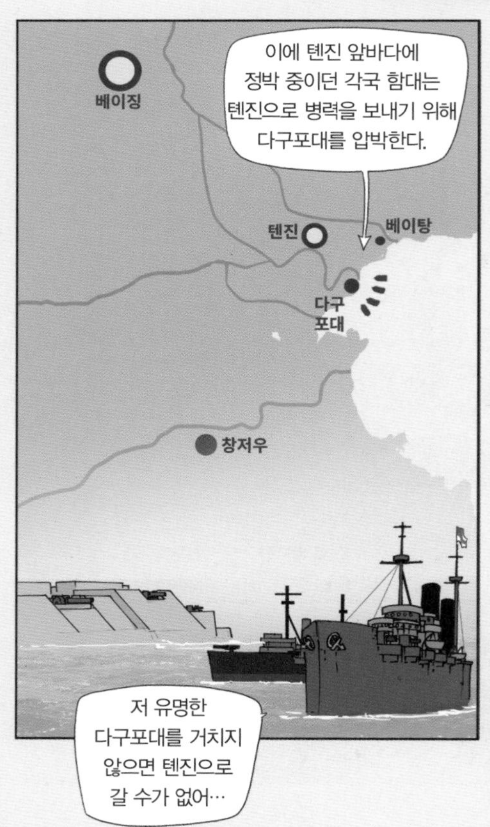
베이징
이에 톈진 앞바다에 정박 중이던 각국 함대는 톈진으로 병력을 보내기 위해 다구포대를 압박한다.
톈진
베이탕
다구 포대
창저우
저 유명한 다구포대를 거치지 않으면 톈진으로 갈 수가 없어…

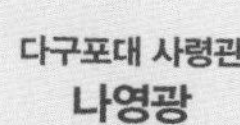

우리 병력의 톈진 진입을 위해 다구포대를 서양 각국 군의 통제하에 둘 터이니, 청군 병력은 모두 퇴거하도록 하시오!!
다구포대 사령관
나영광
뭔 개소리여?! 아무 터치 안 할 테니 그냥 포대 지나 다구항 거쳐서 톈진으로 가쇼!
너네를 어떻게 믿고 그냥 지나가냐?!

문답무용! 바로 포대를 무력 점거한다!
아니, 아니, 잠깐;; 이건 좀 아닌 듯;;
힐데브란트 제독
캠프 제독
풀 제독
국제법상 우리가 이렇게 막무가내로 먼저 공격해서 전쟁 일으키면 안 되죠;;
어허! 우리 국민의 목숨이 달린 비상 상황이니 이런 교전 행위는 합법적인 즉응 조치올시다!

캠프 제독의 반발로
미군은 이 작전에 불참.

수륜선 모노카시만
강으로 들여보내 피난민
수송 작전에 참여한다.

신미양요 때 강화도에
갔던 그 모노카시.

1900년 6월 17일 00시,
다구포대에서
최초의 교전이 시작된다.

꾸궁

다구포대가
이런 쪽으로
역사가 깊지.

제 2 3 장

교전 돌입

6월 17일 00시 45분,
다구포대 포격 개시.

쿠궁
이제는 최신형 대포들로 무장한 콘크리트 요새다.

심야에도 불구하고
정확한 포격에
서양 함선들 다수가 피격.

등화관제를 안 했어!!!

러시아 함선 기리야크가 포격으로 좌초,
80여 명 사상.

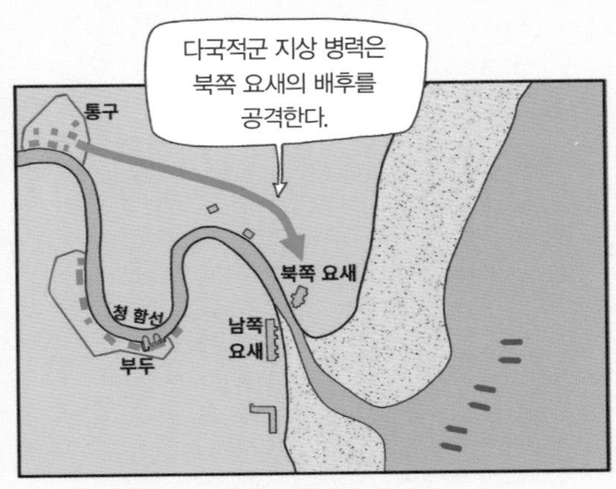

다국적군 지상 병력은 북쪽 요새의 배후를 공격한다.
통구
북쪽 요새
청 함선
남쪽 요새
부두

북쪽 요새의 화약고가 포격으로 폭발.

아, 진짜, 요새 화약고는 맨날 유폭이네!!

우라아아아!!!
아니, 뭔
오스트리아놈들까지
오고 난리야;;
뭐, 우리가
목숨 걸고 싸울 일은
아닌 거 같고요.

소형 쾌속선으로 수로를 거슬러 올라간
영국군 특임조는 부두에 놓여 있던
독일제 청 함선 4척을 무혈 접수.

사보이아!!!
아니, 뭔 이탈리아놈들까지
몰려오고 난리야;;

북쪽 요새가 함락되며
사령관 나영광을 포함한
청군 500여 명이 전사.

남쪽 요새의 청군이 모두 철수하며
6월 17일 06시 30분에 전투 종료.

연합군 사상자 172명

서구 문명의
승리!!
다구포대, 다국적군
다구리로 정리!

Meanwhile, 베이징에서는—

서양 물건 쓰는
놈들! 다 죽인다!!!
…이건 좀
심한데;;
애플은
중국제인데;;
AIA
적당히들 좀 하지?;;

대규모 학살과 방화, 약탈에 놀란 서태후가 성내 의화단에 자제를 명하기도 했는데.

6월 17일,
다구포대 교전 소식이 전해지고.
(통신선 두절로 함락 소식은 듣지 못했다)

마마!! 서양 함대가
다구포대를
공격했다 하옵니다!!!
뭐라!?

조정에서는 사흘에 걸친 대책 회의가 진행된다.

양놈들이 먼저 싸움을
걸어왔는데!!
응전을 마다할 수
있겠는가?!!?

마마, 아직은 서양 각국과
교섭해 말과 돈으로
해결할 수 있사옵니다.
일본한테도 개털렸는데
양놈들 전체를 어찌
상대하나요;;

그때 단왕이 서태후에게 모종의 비밀문서를 올렸다고 하는데.

마마, 이것이 양놈들의
요구 조건 조회문이라
하옵니다.

양놈들의 요구 조건이라는 것이-

- 중국 각 성의 군사, 세수 관리권을 서양 각국의 관리하에 둘 것.
- 광서제를 서태후의 통제 바깥에 둘 것.
- **서태후 섭정 종결.**

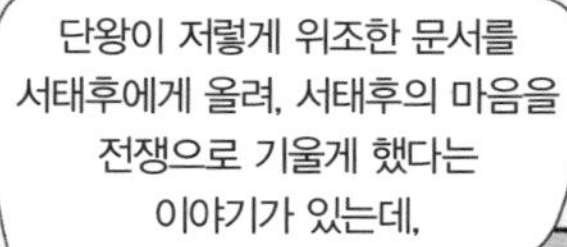
단왕이 저렇게 위조한 문서를 서태후에게 올려, 서태후의 마음을 전쟁으로 기울게 했다는 이야기가 있는데,

실제로는 저 위조문서 에피소드 자체가 세간에 떠돌던 썰일 뿐이라고도 하죠.

위조문서가 있었든 없었든 간에, 서태후는 서양 열강이 무력을 동원해 서태후 체제를 무너뜨리고 광서제 복권을 노린다고 확신.

양놈들이 지들 빨아주는 양빠 황제 둥기둥기 해주려고 늙은이를 겁박하는구나!!

그 시점에 날아든 속보.

마마~! 우리 군이 랑팡에서 양놈들 군대를 격파했다 하옵니다!
오오?!?

6월 10일, 톈진에서 출발해
베이징으로 향하던 시모어 원정대는
의화단의 철로 파괴 공작으로
느릿느릿, 소규모 교전을 치르며
진군했다.

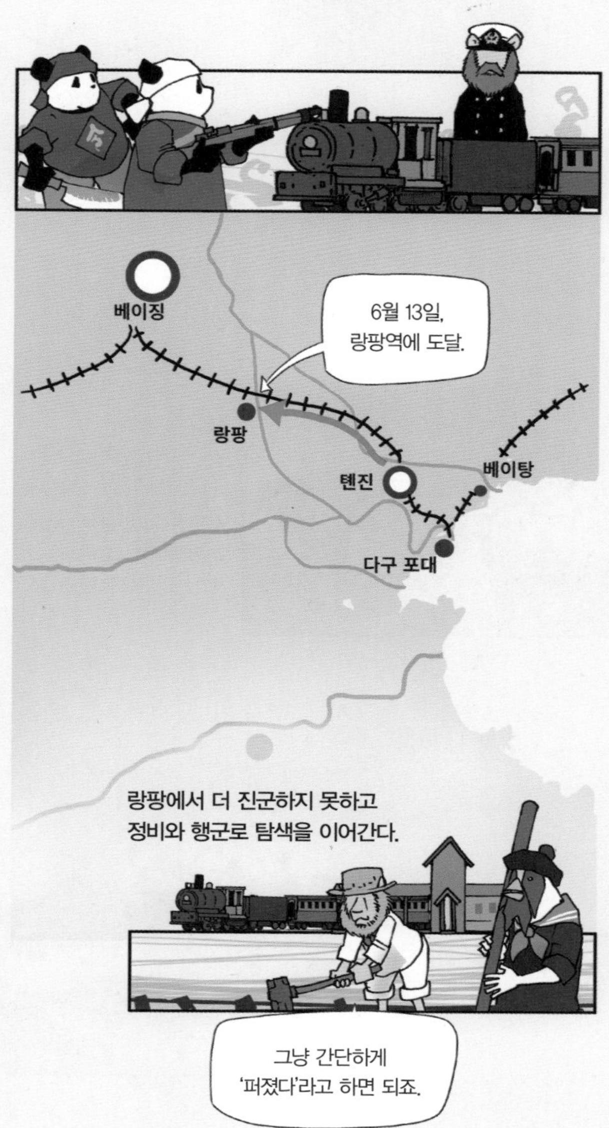
6월 13일,
랑팡역에 도달.
베이징
랑팡
톈진
베이탕
다구 포대
랑팡에서 더 진군하지 못하고
정비와 행군로 탐색을 이어간다.
그냥 간단하게
'퍼졌다'라고 하면 되죠.

그런 시모어 원정대를 6월 18일에
5천여 병력의 감군과 의화단이 공격.

You shall not pass!!!
어어?!
청 정규군이!?

서태후
아크바르!!!
살라 흐
앗딘!!!
아니, 중국에서 뭔
무슬림 군대야;;

시모어 원정대는
화력 부족으로
위기에 몰리게 되고.

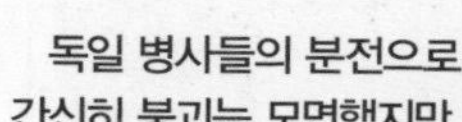

독일 병사들의 분전으로
간신히 붕괴는 모면했지만.

지크 카이저!!!
투당
투탕
타다당

6월 18일, 반나절의 전투 끝에
시모어 원정대는 랑팡에서 후퇴.
병사 1인당 휴행 탄수가 10발밖에 안 남았을 정도로 위기일발이었다;

그렇게 랑팡대첩은 감군과 의화단의 승리로!!!
랑팡 테리블!!
부청멸양
감군
오늘 간식은 양팡 치즈다!!
양놈들 사상자는 60여 명, 중국 측 사상자는 500여 명이긴 하지만…

이렇게 랑팡에서 양놈들 군대도 격파했고!
흠…
다구포대에서 우리 군이 잘 싸우고 있다고 하고! (※잘못된 정보)
톈진에서도 공격에 나섰다고 하고!!

…일이 이렇게까지 진행되었으니,
사실상 전쟁이 시작되었다는 것이
명백하지 않은가!
청조는 굴복하지 않는다!
군은 의화단과 협력해
적에 맞서도록 하라!!
6월 19일,
서태후는 전쟁 결심 천명.
영명하시옵니다~!

그리 교전 상태에 들어갔으니,
공사님들은 24시간 내에
베이징을 떠나도록 하시오.
즉시 베이징의
서양 공사관들에 퇴거령.
으어어어?!?!

톈진에서 온다던
병력은 어찌 된겨;;
이대로 베이징을
안전하게 나갈 수는
있을는지?;;
일본 서기관도
끔살당했는데
뭘 믿고 나감;;
에잇!!! 내가 자금성에 가서
서태후와 얘기해보겠소!!
공사관 안전 보장!

6월 20일, 독일 공사 케텔러 남작이
소수의 수행원과 함께 자금성行.

현명한
일일까;;

……
……

며칠 전 독일 공사관 경비병이
중국인 쏴 죽인 거 사죄하시오!!

가던 도중
감군 병사들과
시비가 붙는다.

어, 그거,
내가 공사관 접근하는 폭도는
바로 사살하라고 명령했다!
사이비는 죽어야 치료되지!

어, 우리도 양귀
바로 사살 ㄱㄱ!!

외교관을…
살해?!

탕

외교관 배때지는 뭐
방탄 복근이라더냐?!

끄아아아아아아아아아아아아아아악
독일 공사
가죽 박피!

그렇게 사태는 돌아올 수 없는 강 너머로.

1900년 6월 21일,
청조는 선전포고.

구차하게 살아남아 만고에
수치를 남기겠는가!!
한번 일어나
자웅을 겨뤄보자!!!
ㄷㄷㄷㄷ

제 2 4 장

D-55

서태후의 對서양 선전포고에
몇몇 주화파 대신은 끝까지 반발.

40년 전(2차 아편전쟁)에 너무 쉽게 양놈들에게 굴복했다는 아쉬움을 늘 품고 살아왔소이다.
아니, 마마, 그때 털린 것보다 더 심하게 털릴 거라니까요!!

관학대신 허경징, 태상시경 원창, 병부상서 서용위 등의 주화파
대신들이 체포되어 투옥.

사신을 죽이고 전쟁을 벌이는 일이 어찌 잘 풀리겠습니까?!
사이비놈들이랑 엮여서 잘된 꼬라지는 역사상 없었습니다!!

서태후의 강경한 대응에
영록 일파는 납작 엎드려
서태후의 뜻을 따른다.

하… 까라면 까라고, 좀.
영록아, 느그 신식 군대 무위군 동원해서 양놈들 다 밀어버려라.
…명 받들겠사옵니다;;

자금성의 선전포고문은
베이징에서 전신을 통해 상하이로.
베이징
통신 허브인 상하이에서
제국 남부 각지로
전파될 것이었는데.
상하이
서양 열강 전체에
선전포고??!?

할망구 노망이
빡시게 왔구나!!

상하이의 우전부상서(철도 통신 장관)
성선회가 이를 수령하고.

태평천국 전쟁 때부터 이홍장 자금책이었던 재벌 성선회

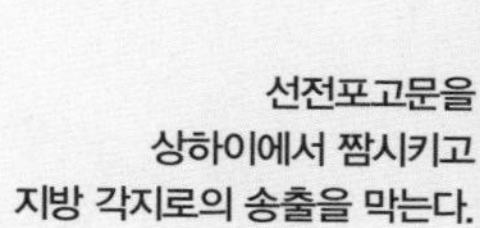

선전포고문을
상하이에서 짬시키고
지방 각지로의 송출을 막는다.

이건 자금성 전산실이
해킹당한 거다!! 해커들이
장난으로 보낸 거야!!
짝 짝

아, 진짜, 베이징이 통째로 다
미쳐 돌아가는 거 같아요!!
각하께서 어떻게든 나서주셔야;;

CAM 1
으음…
이거 진짜
에반데…
양광총독 이홍장

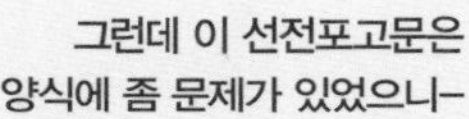
그런데 이 선전포고문은
양식에 좀 문제가 있었으니—

…'그들'이 갈수록 발호하며
토지를 침범하고 백성을 유린하고
재물을 강탈하고…

…'그들'은 무기에 의존하나
우리는 백성의 마음에 의존하여
싸울 것이니…

정확히 어느 나라에
선전포고를 하는 건지
국명을 명시하지 않았음.

대충 서양 열강 다
뭉뚱그려 '그들'이라고
하는 거 같은데;;

열강이면 이탈리아는
포함 안 되는 건가?

일본은
서양 아니잖아.

그렇게 수취인이 명확하지 않은
선전포고문이기에, 각국 공사관에
제대로 전달되지도 않았다.

아, 대충
'나다' 싶으면
맞는 거야!!

뭐 대충
알긴 알겠는데…

베이징 시내
500여 명의 외국인과
중국 기독교인 3천여 명이
공사관 구역으로 피신.

아무튼 청조가 서양 전체를
상대로 전쟁을 선포했다는
사실은 널리 알려졌고.

40년 역임 총세무사 하트도
공사관 구역으로 피신.

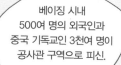

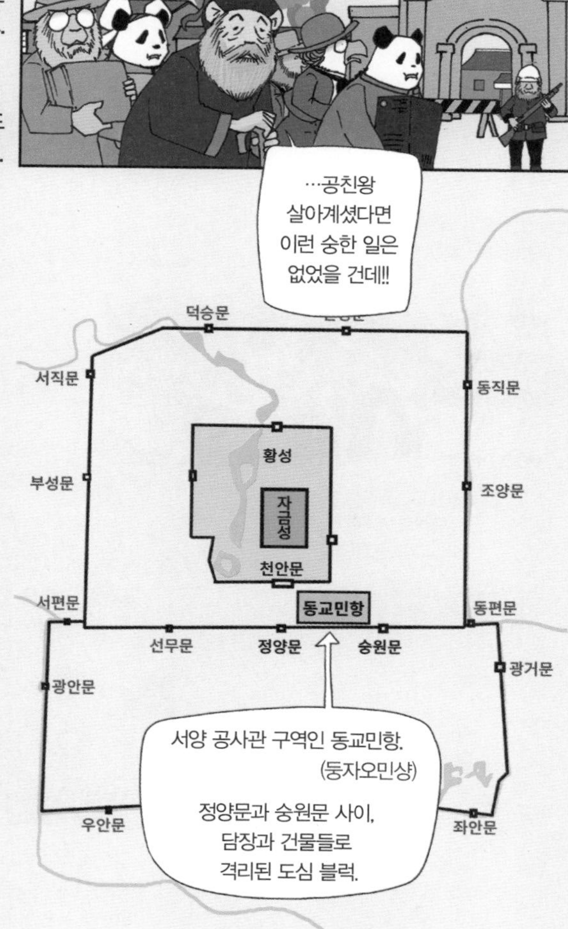

…공친왕
살아계셨다면
이런 숭한 일은
없었을 건데!!
덕승문
서직문
동직문
황성
부성문
조양문
자금성
천안문
서편문
동교민항
동편문
선무문
정양문
숭원문
광거문
광안문
서양 공사관 구역인 동교민항.
(둥자오민샹)
정양문과 숭원문 사이,
담장과 건물들로
격리된 도심 블럭.
우안문
좌안문

이제 의화단과
중국군의 공격에 맞서
이 공사관 구역에서
농성해야 한다는 사실이
자명해졌으니…;

**농성전의 총대장으로는
군인 출신인 영국 공사
클로드 M. 맥도널드 선출.**

**프랑스 공사
장 마리 두시라흐**

**미국 공사
에드윈 H. 콩거**

**이탈리아 공사
주세페 S. 라지**

**러시아 공사
미하일 N. 폰 기르스**

옛날 외무상
기르스의 아들

**일본 공사
니시 도쿠지로**

니시-로젠 협정의
그 니시

**공사관 구역의 총병력은
400명하고도 몇십 명.**

위기가 고조될 때
급히 증원된 덕분에
이거라도 있는 거임.

**서양인들은 바리케이드를 쌓으며
공사관 구역을 요새화한다.**

북경 55일
Begins!
과연 수만 명의
의화단과 청군을
막아낼 수 있을까?!
아, 왜
스포하냐.

최대 일주일 컷
봅니다.
며칠이나 버틸 수
있을 것인가;;
미친 의화단 디펜스;;
텐진에서 온다던 구원군은
오고 있기는 한 건가?!

그 구원군 – 시모어 원정대가
6월 18일의 랑팡 전투에서 깨지고
후퇴했다는 사실을 공사관
사람들은 알 수 없었지요.

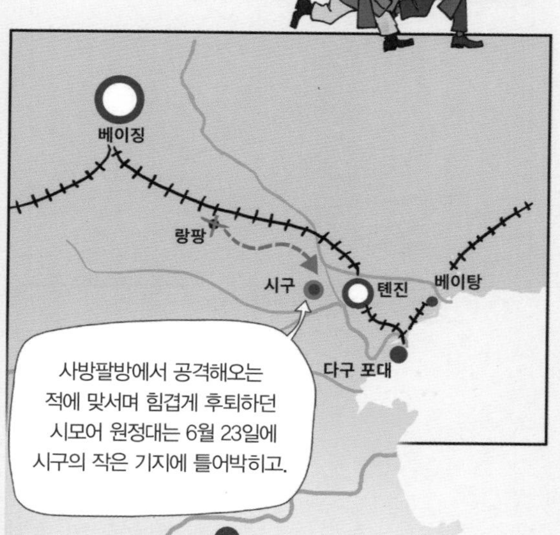
베이징
랑팡
시구
텐진
베이탕
다구 포대
사방팔방에서 공격해오는
적에 맞서며 힘겹게 후퇴하던
시모어 원정대는 6월 23일에
시구의 작은 기지에 틀어박히고.
시구에서 포위당하게 된다.
구원군을 구원할
구원군이 필요하다;;

텐진으로 가서
구원군 좀 보내달라고
전해주게!!
중국인 전령이
포위망을 뚫고 텐진行.
여기서 살아 나가시면,
중국인을 좀 더
존중해주세요.

헉; 톈진도
전투 중이네;;

다구포대 전투 소식이 전해진
톈진에서도 6월 17일에 바로 교전 돌입.

양귀들, 싹 다 바다로
쓸어버리게!
직예총독 유록
조복전
천하제일단장 장덕성
톈진성
지주린
톈진의 외국 조계지
방어 거점 지주린 지역.
톈진성의 중국인들과
지주린의 서양인들이
대치하는 양상이 된다.
지주린-紫竹林-자죽림.
자줏빛 대나무
숲이라는 뜻이야.
자우림과는
무슨 관계일까요.

상황이 어이없긴 하지만, 아무튼 전쟁이 터졌으니 우리 무위군은 군인으로서 최선을 다해 싸운다!

텐진의 청군 사령관
무위전군장 섭사성

사실 양놈들이랑 싸우기 전에 텐진의 의화단놈들부터 싹 다 쓸어버리고 싶지만!!

아이고;;
의화단과
잘 협력하라는 것이
자금성의 지시예요;;

…쳇, 일단 지주린 포위하고, 포병 배치하고.

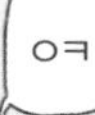
ㅇㅋ

무위좌군장 마옥곤

다구포대 점령한 양놈들이 텐진으로 곧 몰려올 테니 중간에 방비해서 막도록 합시다.

(뭣보다 우리 병사는 아끼고
의화단놈들을 총알받이로
앞에 세우도록 하시오)
…ㅇㅇ

다구포대 점령 후,
미군과 러시아군 500명이
톈진으로 진군.
점심은 톈진에서!
저녁은 베이징에서!

밥은 너네 집 가서
먹어라!!
6월 21일, 톈진 근교에서
요격당해 20여 명의
사상자를 내고 후퇴.
방심했다!!

와; 우리가
누굴 구하러 갈
처지가 아니네;
Liberate tuteme
ex inferis.
텐진
이제 양놈들이
청군의 포병에
전율하리라.
지주린

그렇게 지주린은
의화단과 청군에 포위당하고.

지주린을 포위한 청군의 포격이 시작된다.

어버버버?
후버버버;;;

석탄 회사 간부
허버트 C. 후버

내가 여기서 죽으면
후버댐은
누가 짓는단 말이냐!!
후버댐은
F. D. 루스벨트가
지은 거 아님?
아, 후버 대통령 때
시작한 게
맞긴 하죠.

굽씨의 오만잡상

허버트 후버는 지질학과 광산공학을 전공하고 광산회사에 취직해 뛰어난 능력을 발휘했습니다. 승진을 거듭해 1900년에는 중국 지사의 책임자가 되어 톈진에 부임했지요. 결혼 1년 차인 후버 부부는 톈진에서 즐거운 신혼 생활을 만끽하려던 차에 의화단의 난에 휩쓸렸습니다. 톈진 전투 때 후버 부부는 자원봉사자로 참여해 부상자들을 돌보고 바리케이드를 쌓고 물자를 실어 날랐습니다. 이후 중국에서 광산 전문가로 높은 지위와 부를 얻은 후버는 중국의 역사와 문화에 대해 높은 수준의 교양을 갖추게 됩니다. 하지만 중국인 노동자들에 대해서는 게으르고 열등하다는 인종적 편견을 숨기지 않았지요.

후버 부부는 중국어에 능통해 둘만의 비밀 이야기를 중국어로 나누곤 했다는데, 사실 후버의 중국어 실력은 아마추어 수준이었고, 아내인 루 헨리 후버(Lou Henry Hoover)의 중국어 실력이 프로급이었다고 합니다. 중국 도자기 수집에도 열정적이어서 그녀가 평생 모은 청화백자 컬렉션이 오늘날 후버기념관의 한 방을 차지하고 있지요. 루 헨리는 중국어뿐 아니라 독일어, 그리스어 등 다른 외국어들에도 능통했는데, 특히 라틴어가 프로급이었던지라, 그녀의 라틴어 고문서 번역문은 학술적으로 높은 평가를 받았다고 합니다. 루 헨리는 남편이 공인으로 나서게 된 후, 제1차 세계대전 때 구호위원회를 이끌며 전쟁에 고통받는 유럽인들을 도왔고, 미국 걸스카우트를 이끌며 소녀들의 옥외 활동성 함양에 힘썼습니다. 영부인으로서 여성의 공무 참여를 북돋고, 라디오로 복지와 교육에 대한 자기 생각을 전했습니다.

비록 대통령으로서 후버에 대한 평가는 대공황 때문에 좋지 않았지만, 영부인 루 헨리의 발자취는 현대적 영부인의 모범으로 평가받고 있습니다.

제 25 장

Huns are Coming

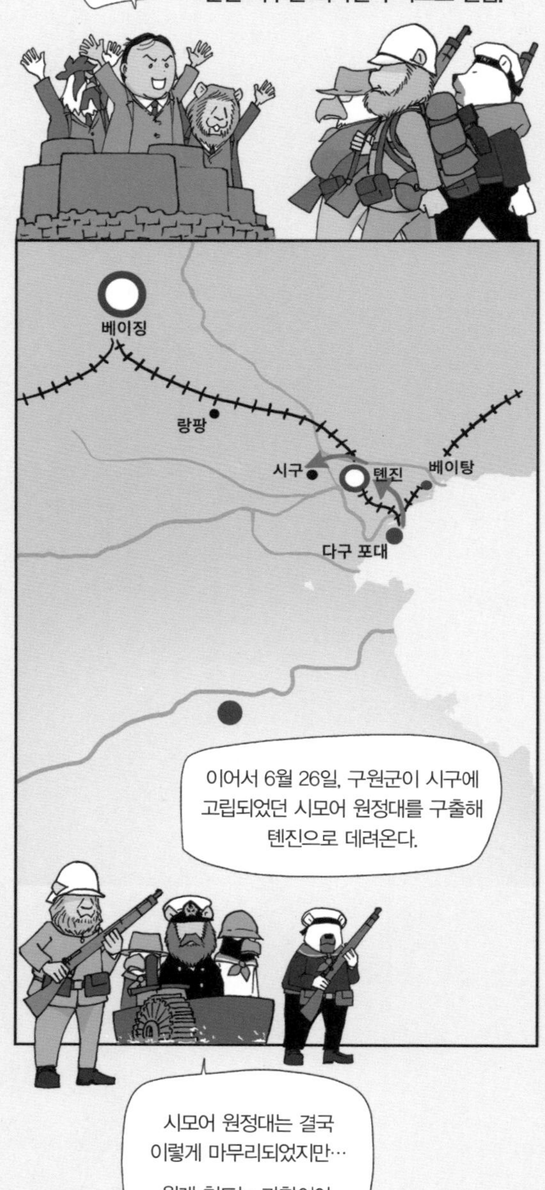
함락 위기 모면!
6월 23일, 다구에서 5천 명의 병력이 텐진 지주린 외국인 구역으로 진입.
베이징
랑팡
시구
텐진
베이탕
다구 포대
이어서 6월 26일, 구원군이 시구에 고립되었던 시모어 원정대를 구출해 텐진으로 데려온다.
시모어 원정대는 결국 이렇게 마무리되었지만…
원래 첫트는 과학이야.

그리하여 톈진 전투는
톈진성의 청군과 지주린의
연합군이 대립하는 양상으로 진행된다.

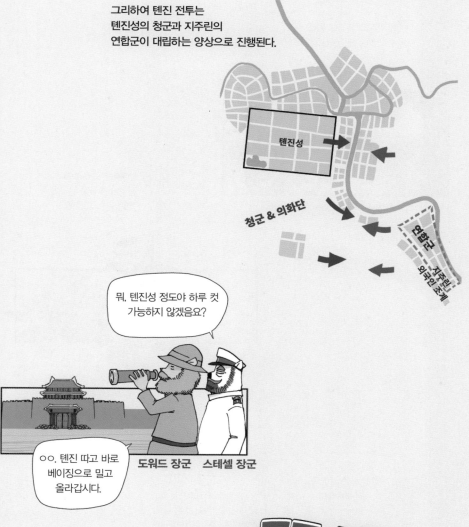

톈진성

청군 & 의화단

연합군

지주린
외국인 조계

뭐, 톈진성 정도야 하루 컷
가능하지 않겠음요?

ㅇㅇ. 톈진 따고 바로
베이징으로 밀고
올라갑시다.

도워드 장군 스테셀 장군

우와아악??!?
꽈

중국군 포격으로 스테셀 장군 부상.

청일전쟁의 교훈을 통해
포병 현대화에 꽤 공을 들였지.

무위군은 다량의 크루프 75mm포를 운용.

톈진성 주변 곳곳의 포대에서
정확한 포격을 날리며
연합군을 괴롭힌다!

톈진 전투 기간에 연합군
사상자 대부분이 포격으로
발생했음;;

포격뿐 아니라
연발 소총 사격도
조심하세요.
게베어 88 소총을
복제한 한양 88 소총 등이
우박처럼 총탄을 쏟아낸다.
투탕
타다당
아오, 독일놈들이
판 총이잖아!!

그리고 써먹기 좋은
총알받이들도 있음.

의화단!!
돌격!!!

의화화화화!!!

어이쿠;;
무리다;;

투당
투탕
타다당

ㄷㄷㄷ;;

어딜
도망치냐!!

적전 도주는
즉결 총살이다!

으아아아!!;

투탕
타다당

소련
징벌부대냐?!

의화단 총알받이 전술로
양놈도 잡고 권비도 잡고.
일거양득이죠.
컥, 역시 나라는
믿는 법이 아니여;;

연합군의
확실치 않은 지휘 체계도
톈진 전투 장기화에
영향을 미친다.

어, 일단 내가 제일
선임 장교니까, 점심은
맘터가 좋을 것 같아요.
우린 제육
먹을 건데요.
사실 나도 계급 좀
높은 편인데;;

8국 연합군이라고는 하지만,
실제로는 그 어떤 명확한 국가 단위
동맹 결성 협약도 없었기 때문.

모호한 선전포고문만큼이나
이쪽 연합군도 모호한
연합군이었죠…
현지 공사, 지휘관 레벨에서의
협조 체계로 굴러가는, 공동 교전
다국적군이라는 걸까나.

물론 서양 각국에 의화단 사태가
보도되어 분노한 여론이
응징 원정을 외치는 형국이긴 하죠.
탕
독일 공사 피살 공사관 포위
선교사들
끔살?!
베이징 공사관들과는
연락 두절?!?
미친
참깨들이?!?

특히 독일에서
극대노.

운터멘쉬 똥양놈들이
우리 공사를 살해해?!?
인종 참교육
절실하다!!

일어나라! 백인 기독교
형제들이여!
사악한 똥양의 도발에
맞서 십자군을 일으킬
때가 되었도다!!

황화론에 진심이었던
빌헬름 2세가
흥분해 날뛰고.

공사가 살해당한 독일이
십자군의 선봉을 맡겠노라!!
원정대를 바로 파병토록 하라!!
열강의 관심이
동양으로 쏠리고,
독일이 뭔가 존재감을
뽐내는 건 외교적으로
좋은 일이죠~ㅎ

뷜로 총리

"용서도 없고, 포로도 없다! 훈족의 명성처럼!

그 어떤 중국인도 그 찢어진 눈으로
다시는 독일인의 얼굴을 감히
쳐다볼 수도 없도록 하라!!"

7월 3일, 1만 9천 명의 동양 원정군이 평성되고 원정군 사령관인 발더제 원수가 계급빨로 8국 연합군 총지휘를 맡기로 한다.

(※스포: 하지만 이 동양 원정군은 너무 늦게 출발해 베이징 낙성 이후에야 중국에 도착했다…)

기실, 전쟁에 동원된 서양 각국의 병력은
머나먼 본토가 아닌 동양 근거지들에서 출동했음.
뤼순에서 러시아군이.
칭다오에서 독일군이.
위해위와 상하이, 홍콩에서 영국군이.
광저우만에서 프랑스군이.

그런데 이 시점에서 걱정되는 건
러시아놈들이 이 기회를 틈타
대군을 만주로 밀어 넣으려고
한다는 거지…
델리 만주
싹 다 뒤졌다~ㅋ
저걸 견제하기 위해서는
이쪽에서도 뭔가 수를 내야
할 것인데…

현재 영국은 보어전쟁의
늪에 빠져 다른 데 신경 쓸
여유가 없는 상황.
보어어어어억!!!!
미국은 필리핀 전쟁에
힘을 쓰고 있고…

프랑스는 러시아
동맹국이고,
독일은 러시아의
동양 집중을
환영하고 있고.
ㅎㅎ~
ㅋㅋ~
ㅎ, ㅋ~

…일본아…

하, 하잇?

일본 중용의 큰 그림이
열리기 시작한다.

너네 병력 얼마나
낼 수 있니…

아니, 근데 청나라가 선전포고 했는데,
청나라의 다른 도시들에서 저렇게
병력 빼서 톈진으로 보내도 되나요?

다른 데서는 안 싸움?

아, 그 부분은 걱정
안 하셔도 되는 게-

1900년 6월 26일,
동남 10개 성과 서양 각국 간에
동남호보협약 체결.

역시 깨인 분들과는
말이 통하는군요.

東南互保

동남 10개 성은 서양과의 전쟁에 나서지 않고 중립을 지킨다.

외국인 조계의 법적 지위 존중.
외국인의 생명과 자산 보장.
장강 수로 항행의 자유 보장.
항구 이용 보장.
요새지에서의 충돌 방지.
東南互保
산동
강소
안휘
호북
절강
호남
강서
복건
광서
광동

조정의 선전포고 조칙은
간신 역적들이 참칭하여
살포한 것이니 우리 10개 성은
이를 따르지 않는다!
양강총독 류곤일
호광총독 장지동
양광총독 이홍장
민절총독 허응규
광동순무 덕수
안휘순무 왕지춘
& 산동순무
원세개~!

굽씨의 오만잡상

1900년 7월 27일 카이저 빌헬름 2세가 중국으로 떠나는 독일 동아시아 원정대의 출정식에서 행한 연설은 이른바 '훈 연설'이라 불리며 오랫동안 독일의 불명예로 남았습니다.

"포로는 없다! 누구든 제군의 손아귀에서 살아남지 못할 것이다! 천 년 전 아틸라의 훈족이 오늘날까지 그 위명을 떨치고 있는 것처럼, 독일이라는 이름이 제군에 의해 중국에 각인되어, 다시는 어떠한 중국인도 감히 독일인을 똑바로 바라보지 못하게 만들어라!"

일단 포로를 잡지 말고 다 죽이라는 부분이 야만적이었고, 또한 약탈과 파괴의 대명사인 훈족을 독일군의 롤 모델로 삼은 부분도 경악할 만했지요. 이 과격한 연설은 직후부터 이미 문명사회 지식인들의 비판을 받았고, 빌헬름 2세의 인종주의-황화론을 여실히 드러낸 폭언으로 여겨져왔습니다. 그런데 생각해보면 훈족은 분명 동방에서 온 오랑캐인데, 황화론에 찌든 빌헬름 2세가 독일군을 굳이 훈족에 빗댄 게 조금 이상하긴 하지요. 관련해 행간을 짚어보자면, 18세기에 프랑스 학자 조제프 드기뉴(Joseph de Guignes)가 훈족과 중국 역사에 등장하는 흉노족이 같은 민족이었을 것이라고 주장한 이래, 이는 쭉 정설로 여겨졌습니다. 이 때문에 역사에 밝았던 빌헬름 2세가, 중국인들에게 공포의 대상이었던 흉노족을 염두에 두고 훈족 운운한 게 아니었나 싶기도 합니다.

아무튼 그렇게 입을 턴 덕분에 제1차 세계대전에 이르러 연합군 측에서는 독일군을 훈족에 빗댄 프로파간다가 판을 치게 되지요(사실 독일을 훈족이라 비칭하는 사례는 이미 보불전쟁 때부터 있었다고도). 사실 그런 프로파간다가 딱히 독일인들 마음을 상하게 하지는 않았지만, 훈족의 후예를 자처하는 헝가리인들은 훈족이 욕으로 쓰인다는 현실에 마음의 상처를 입었다고도 합니다.

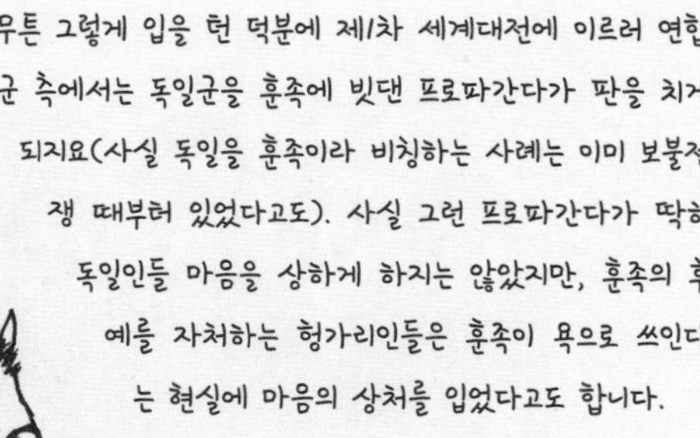

제 26 장

55 Days in Summer

일어나라! 중화!!
양귀를 몰아내자!!
아, 사는 게 싫증 나면
좀 혼자 죽으시라고요…
동남호보
浙
江
山
安
동남호보 10개 성은
베이징을 거역하고 서양 열강과
상호 안전조약을 맺은 덕분에
전란의 불길을 피하고 번영을
유지할 수 있었다.
이거 항명이야!!
반역이라고!!
태평천국 전쟁 이래 지속되어온
지방 세력의 탈베이징화가
극명하게 드러난 것.
東南互保
서구 문명 맛본
사람들은 확실히
다르군요~ㅎ
새로이 등장한 자본가, 지식인, 학생 계층이
이러한 흐름의 기층을 이루고 있다.
또한 동남호보 10개 성은
비밀리에 논의하기로-
浙
湖
江
安
만약 이번 사태로
청조가 정말로 망한다면,
우리 10개 성은 새로이 연방공화국을
이루기로 합시다.

그리고 그 연방공화국의
대통총은 역시 이홍장 각하께서
맡아 주십사~ㅎㅎ
……
이홍장 대총통 추대설
각하 외에
누가 있겠습니까요~ㅎ

이 무슨…
잘되어봤자 망탁조의…
잘못되면 삼족절멸.
츄릅;;?
살날도 얼마 안 남은 노인네가
그딴 독이 든 성배를 간보다가
오명을 남기랴.

뭣보다 청조가 이번 사태로
진짜 망할 경우의 수가
있긴 있을 것인가.
죽는다고요!

만약 베이징의 서양 공사관 구역이 함락되어
서양 공사와 서양인들이 모조리
학살당하는 일이 생긴다면,

세계 외교史상
전무후무한 최악의 참사!!

서양 열강은 반드시 청조의 명줄을 끊을 것.

인류 문명의 적을
살려둘 수 없나니.
그래도 마지막에
한풀이 거하게
하고 간다.

결국 모든 건 베이징의
공사관 구역이 서양 연합군의
도착 전에 함락되느냐
마느냐에 달려 있는가…

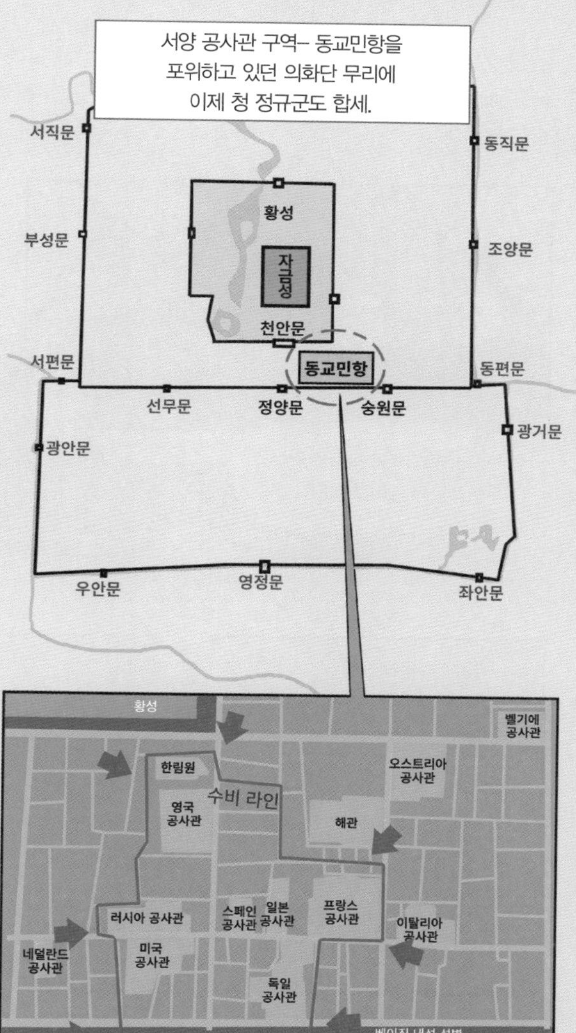
서양 공사관 구역– 동교민항을
포위하고 있던 의화단 무리에
이제 청 정규군도 합세.
서직문
동직문
황성
부성문
조양문
자금성
천안문
서편문
동교민항
동편문
선무문
정양문
숭원문
광거문
광안문
우안문
영정문
좌안문
황성
벨기에
공사관
한림원
오스트리아
공사관
수비 라인
영국
공사관
해관
러시아 공사관
스페인
공사관
일본
공사관
프랑스
공사관
이탈리아
공사관
네덜란드
공사관
미국
공사관
독일
공사관
베이징 내성 성벽

동쪽에는
동복상이 이끄는 감군이 포진.

알라의
이름으로!!

서쪽에는 영록이 이끄는
신건육군 무위중군이 포진.

(우리 군은 먼저 나서지
말고 구경만 해라…)

6월 23일, 의화단이 영국 공사관 공격을 위해
한림원에 불을 지르며 본격적인 공세 시작.

분서는
혁명의 시작!
수만 권의 책과 금석문 탁본,
갑골문 등이 소실된다.
진시황이냐!
히틀러냐!
황성
벨기에
공사관
한림원
오스트리아
공사관
영국
공사관
해관
러시아 공사관
스페인
공사관
일본
공사관
프랑스
공사관
이탈리아
공사관
네덜란드
공사관
미국
공사관
독일
공사관
베이징 내성 성벽

하지만 공사관 구역 수비군의
반격으로 한림원 방화 돌파는 돈좌.

즈그네
황실 아카데미에
불이나 지르는 놈들이
싸움 머리는 있겠냠!?
양놈들 병력
400여 명뿐이라고
하지 않았나??!

공사관 구역 수비 작전을 실질적으로
이끈 인물은 구역 내 야전군 장교 중
선임이었던 시바 고로 중령.
내, 어렸을 적에
아이즈성 포위전도
겪어본 포위전
유경험자요!
그 포위전은
결말이 어떻게
되었나요?

서쪽 수비선은
영국군과 러시아군이 맡고,
이번만
임시 동맹이다.
훗, 발목이나
잡지 말라고.
황성
벨기에
공사관
한림원
영국
공사관
해관
스페인
공사관
일본
공사관
프랑스
공사관
러시아 공사관
이탈리아
공사관
네덜란드
공사관
미국
공사관
독일
공사관
동쪽 수비선은 프랑스군과 일본군,
오스트리아군이 맡는다.
이탈리아, 오스트리아
공사관은 일찌감치
함락되었지요;

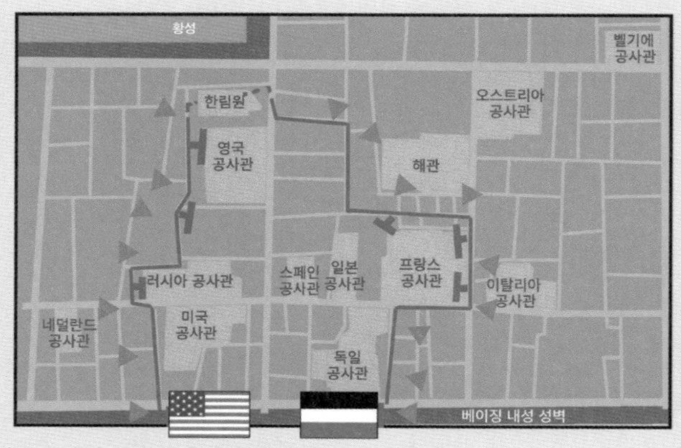
황성
벨기에
공사관
한림원
오스트리아
공사관
영국
공사관
해관
러시아 공사관
스페인
공사관
일본
공사관
프랑스
공사관
이탈리아
공사관
네덜란드
공사관
미국
공사관
독일
공사관
베이징 내성 성벽

그리고 공사관 구역을 내려다보는
남쪽의 베이징 내성 성벽.

내 등을 맡길 만한
사내라는 걸
입증해봐라.
이번 세기
기대하시라.

성벽 위 동서 양방향을
각각 독일군과 미군이 맡는다.

구역 내로 피신한 3천여 명의 중국 기독교인은
바리케이드 구축과 각종 수송 업무를 맡는다.

구역 내에 식량과 물이
부족하진 않아서
천만다행이었죠;;

이 농성전 중 최대 위기는 6월 30일의
베이징 내성 성벽 함락!

으아;; 이건 양쪽에서
샌드위치 공세라
어쩔 수가 없어;;

이것이
불의 전차다!!!

우와아악?!?

7월 3일에
공사관 측의 특공대가
성벽 위로 야습을 감행.

가까스로 성벽을 탈환,
위기를 벗어났지요;

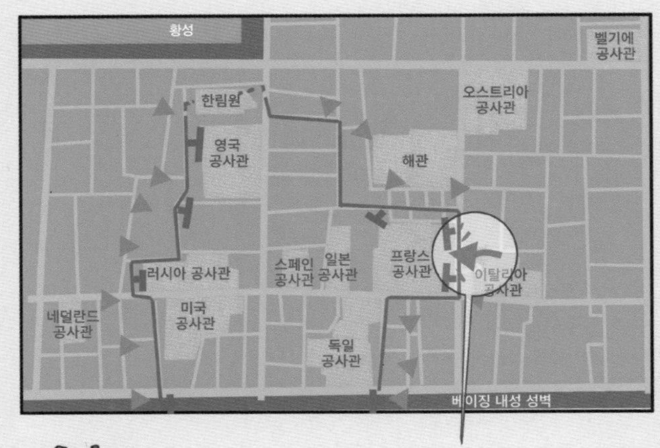
황성
벨기에
공사관
한림원
오스트리아
공사관
영국
공사관
해관
스페인
공사관
일본
공사관
프랑스
공사관
러시아 공사관
이탈리아
공사관
네덜란드
공사관
미국
공사관
독일
공사관
베이징 내성 성벽

한편 동쪽에서는 중국인들이
프랑스 공사관 밑으로
땅굴을 파고 있었고.
근처에서
지하철 공사하나?

7월 13일, 프랑스 공사관 밑
땅굴에서 화약 폭발.
BOOM
20세기는
땅굴 메타다!

프랑스군은 공사관을 포기하며 후퇴.

어찌어찌 수비선을
재구축하지만;;

프랑스 공사관 함락으로
동쪽 수비 라인은 크게 취약해졌고.

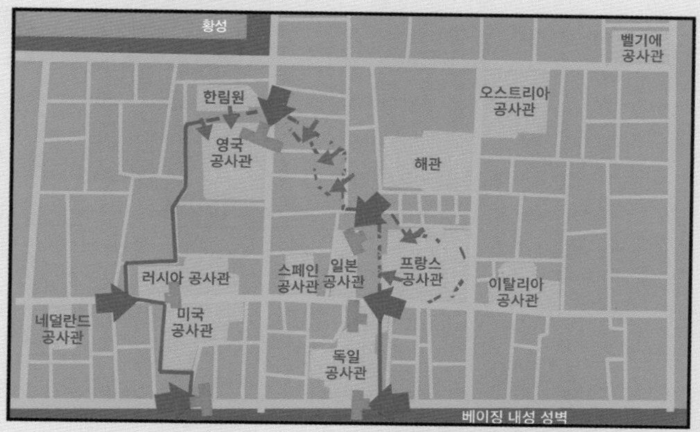
황성
벨기에
공사관
오스트리아
공사관
한림원
영국
공사관
해관
러시아 공사관
스페인
공사관
일본
공사관
프랑스
공사관
이탈리아
공사관
네덜란드
공사관
미국
공사관
독일
공사관
베이징 내성 성벽

모든 라인이 조금씩 붕괴되기 시작한다.

최후의 순간이
다가오는가!!!
갈 때는 탄약고에
불붙여서 놈들과
함께 갑시다!!

공사관 구역이 결국
함락되려나…
우리 군은 결국
안 움직였지만…
각하! 톈진에서
급보입니다!!
음?
....!
항복하면
어떻게 되려나?
쟤들한테 잡히면
산 채로 천천히
피부 벗겨내기
시술이 기다리고 있죠.

아니, 피부를 벗겨서
뭐에 쓰려고;;

뭐, 버튜버
제작 재료로
쓴다든지…
음? 저쪽에서
뭔가 오는데요?

어어;; 청
정규군 공격인가;;

뭐라는겨?
Peace요!!
Peace!!!

굽씨의 오만잡상

본작의 사건을 배경으로 하는 영화 〈북경의 55일〉은 1960년대 영화답게 대단히 서구 중심적이며 인종 비하적인 시각을 띠는 시대극입니다. 의화단의 파상 공세에 맞서는 공사관 구역 방어전 묘사가 마치 '좀비 디펜스'를 연상시킵니다. 하지만 일단 엄청난 대작인 것도 사실이지요. 트로츠키의 조카인 사무엘 브론스톤(Samuel Bronston)이 제작자였고, 〈이유 없는 반항〉의 감독인 니컬러스 레이(Nicholas Ray)가 메가폰을 잡았으며, 찰턴 헤스턴(Charlton Heston), 에바 가드너(Ava Gardner), 데이비드 니븐(David Niven) 등의 초일류 배우들이 출연했습니다. 스페인에 거대한 베이징 도성 세트를 건설하는 등 당시로서는 엄청난 액수인 1000만 달러의 제작비를 들였지만, 흥행은 부진해 손익분기점을 넘지 못했지요. 또한 당시에도 이미 역사 왜곡이라는 비판을 받는 등 평단의 평도 좋지 못했습니다. 다만 명배우들의 열연이 돋보이고, 이야기 자체는 그럭저럭 볼만하다는 평이었습니다. 특히 음악이 매우 흥겨웠던지라 그 주제곡은 후대까지 널리 연주되었습니다. 공군기본군사훈련단의 기상 음악인 〈저벅가〉가 바로 그 곡이지요.

55
DAYS
AT
PEKING
POP

제 2 7 장

Blood-melon

텐진의 다국적군은
6월 23일 지주린에 진입한 이래
텐진성 공략을 목표로 작전을
전개하고 있다.
청군의 포격을
뒤집어쓰면서;;
텐진성
러시아군
미군
영국군
일본군
지주린

2주간의 격전을 치르는데.
텐진성 주변 보루와 조병창 등
요지들을 하나씩 점거하고,

이제 문제의 텐진성
공략에 나설 차례.
의외로 쉽게 딸 수 있는
각도 엿보이는 게 말이죠~

톈진성 내부에서는 섭사성軍과 의화단 간의
원한이 격렬하게 터져 나오고 있답니다.

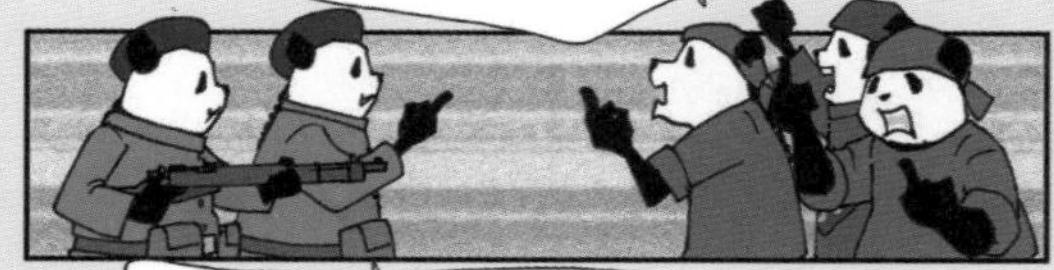
양놈들 총에 죽은 형제들보다
섭사성軍 총에 죽은 형제들이
더 많다!!!
저 미친 사이비 폭도놈들 때문에
다 죽을 전쟁에 말려들었어!!

베이징에서는 지원은 개뿔,
의화단 잘 대우해주라는
헛소리 공문이나 내려오고…
…걍 던질까…

각하!! 큰일 났습니다!!!
권비놈들이…!!
아, #C@ 또 어디
불 질렀다냐?

권비놈들이 장군님 가족을
납치해 억류했습니다!!

%W@#$!
섭장군한테
섭섭한 게
많아서요~
섭씨… 100도를 넘겼어.

이 개*#*# 의화단
트롤 섀퀴들부터
다 찢어 죽이고 던지든
말든 한다!!!
ㅇㅋ, 조정에
신고함.

7월 10일 이후로 톈진성의 섭사성軍과 의화단은
사실상 교전 상태에 들어가 서로 죽여대고 있었으니.

옳거니, 지들끼리 싸우느라
미드 오픈 상황인가 보다.
바로 ㄱㄱ!!

7월 13일, 다국적군은 톈진성에 대해 총공격 개시.

응, 아냐.
내분 일어나도 맡은
라인은 지키고 있어.
끄억!!
탄막이다!!
TA
TA
TA
TA
TA

청군의 화력 방어에 막혀 지휘관 데이비스 대령이
전사하고 미군과 영국군의 공격은 돈좌한다.

7월 13일의 공격이 실패한 후 7월 14일 새벽,
일본군은 톈진성 남문 폭파 작전에 나선다.

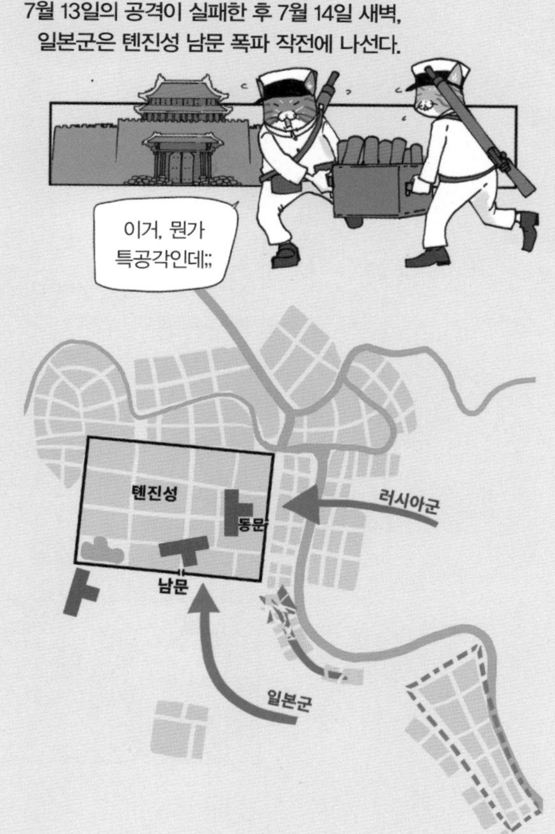
이거, 뭔가
특공각인데;;
톈진성
동문
남문
러시아군
일본군

어이!!
어이!!!

성문 앞에
인화물
놓지 마시오!

청군에게 발각.

으어; ㅌㅌㅌ;;

에라이…;;

꽈광

덴노헤이카
BOOM자이!!!

일본군 병사가
폭약에 바로 불을 붙여 자폭,
남문 파괴에 성공한다.

파괴된 남문으로
일본군이 쇄도.

이 전쟁,
일본군이 캐리한다!
왜놈들이
또!!!
Again 1894!!!

이어서 러시아군이 동문을 뚫고.

아오!!!
팀빨 존망 전쟁!!
각하, 얼른
피하셔야 합니다!

조정이 사이비 폭도놈들
장단에 맞춰 질러댄
미친 사이코 난장판에!!
공들여 키운 신건육군을
이리 다 털어먹는 꼬라지를
당사자로서 직관하고 어찌
발암을 면하겠느냐!!

발암으로 죽느니 걍 여기서
깨끗하게 현생 접는다!! ㅂㅂ

톈진성 함락과 함께 섭사성 전사.

다국적군은 작전상
더 무리하지 않고.
섭사성과 마옥곤은
청일전쟁 때 용맹을
떨친 장수들입니다.
무리하게 청군을
다 포위 섬멸하려 들면
피해가 만만찮을 것.
퇴로를 열어주면 청군은
알아서 빠르게 빠질 것입니다.

이에 따라 마옥곤이 이끄는 무위군은
톈진성 북문으로 빠져나간다.

크흣;; 섭장군… 부디
성불하시오.

1900년 7월 14일,

톈진성 함락

톈진성 전투는 다국적군의
승리로 끝났습니다!!
연합군 사상자
750명
오늘 저녁은
톈동이다!!
뭔가 좀
피로스의 승리
같기도 하지만;;

톈진 함락 소식은
베이징에 바로 도달하고.

톈진이 결국
떨어졌습니다!!

이제 베이징이 어찌
화를 면하겠습니까?!

아편전쟁
시즌 2가 옵니다!

서양 군대가 베이징에 도달하기 전에
빨리 공사관 구역 포위 풀고,
서양 공사들을 잘 달래서
양놈들과 화의를 추진해야 합니다!

그게 아니지요.
빨리 공사관 구역을 점령하고
공사들과 서양인들을 인질 삼아
양놈들과 협상하는 것이 상책.

공사관 구역 점령은 개뿔!
3주간 두들겨도 못 뚫은 걸
어떻게 점령하겠다는 거요?!

아오!! 당신네 무위군이 구경만
하지 않고 포병대 끌고 와서
제대로 전투에 참여했으면
첫 주에 바로 뚫었겠지!!!

그딴 게 중요한 게 아니고!!
국경 너머에 있던 러시아 코사크 기병대가 만주로 쳐들어오고 있다 하옵니다!
헉;;
판이 점점 커지고 있다고요!!

으음;;;
…일단 공사관 구역에 대한 공격은 중지하고, 추이를 지켜보도록 합시다;;

그렇게 되어, 공사관 구역에 대한 더 이상의 공격은 없을 것이라 전해드립니다.
어… 음… 진짜?
함정 아녀?

뭐 필요한 거 말씀하시면 공사관 구역으로 넣어드리겠습니다.
…단왕의 목…
거, 여름 무더위가 심하니 수박이나 좀 보내주쇼.

이에 청 측은 진짜로 수박 한 수레를 보내줌.
전투로 달아오르고 열기로 숨 막히는 몸에 한 달 만에 먹는 수박!
범죄적이야! 스며들고 있다! 몸에!!

휴전은 개뿔!! 우리가 언제 조정 말 들었다냐?!
애국 의화단원들은 계속 공격한다!!
의화단에 의해 몇 차례 총격전이 더 벌어지기도 했지만-

아, 말 좀 처들어라.
사이비 섀퀴들아.
그런 의화단원들은
무의군 병사들이 처리했으니
안심하라고!
투당
타다당
관병이
애국 시민
잡는다!!

한 고비
넘겼군요.
이제 텐진의 서양
군대만 빨리 와주면
좋을 텐데…

그렇게 7월 17일부터는
베이징 공사관 구역에서
교전 중지 상태가 유지된다.

텐진에서는—

텐진의 8국 연합군은
이제 바로 베이징으로 진격!!!
–하면 좋겠지만…

제28장

To the Peking

7월 14일의 톈진성 점령 직후,
연합군 장군들의 작전에 대한 의견이
엇갈리게 된다.

이대로 바로! 내일 당장
베이징으로 ㄱㄱ!!
워;; 서두르지
맙시다;
청군의 전력이
만만치 않음을 확인했으니,
병력 7만 명은
모아서 가야 함.
유럽에서 원정군
오는 거
기다리죠?
(독일 원정대는
아직 출발도
안 했다)

사실 이 진군 타이밍 논쟁의 배후에는 만주 게임이 놓여 있었으니…

Manchuria

로스케놈들이 남들 발 묶어두고,
그사이에 만주 다 처먹으려고
저리 뭉그적거리는 게지!

청조와 열강이 전쟁 상태로 돌입함과 동시에
만주에서는 코사크 기병대가 청·러 국경을 돌파한다.

순순히
항복하라쇼!!

으어;
빠르다?!

1900년 7월 중순부터는 국경 지대에 배치되어 있던
병력 10만 명이 일제히 만주로 진공.

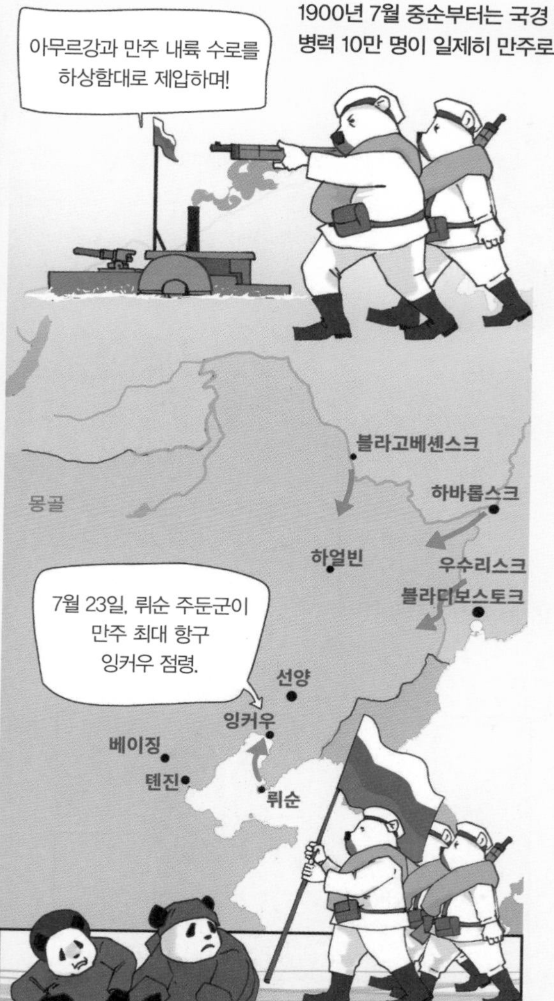
아무르강과 만주 내륙 수로를
하상함대로 제압하며!
블라고베셴스크
하바롭스크
몽골
하얼빈
우수리스크
블라디보스토크
7월 23일, 뤼순 주둔군이
만주 최대 항구
잉커우 점령.
선양
잉커우
베이징
톈진
뤼순
러시아가 부설권을 가진
만주 동청철도
보호를 위한 조치다!

이 만주 침공은 전쟁성 장관 쿠로팟킨을 필두로 하는
육군의 으쌰으쌰 분위기로 이루어진 것.

아, 의화단 난리로 이제 중국과
전쟁이라잖아요!!
전쟁 났으면 당연히 적국으로 쳐들어가
땅 점령하는 게 상식 아닌가요?!

상트페테르부르크의 전략 목표도
만주 점거 쪽으로 기운다.

광개토차르가
부르고 있어!!
이 절호의 기회를 놓치지
마시고, 극동 제국의 발판
삼으시옵소서~
재무성과 외무성은
만주 점거에
부정적이었지만…

러시아의 만주 점거 움직임에 대해 런던은 크게 우려.

로스께놈들… 불난 집
도둑질에는 진짜 천재적이야…
재무장관
벨푸어
총리 겸 외무장관 솔즈베리 후작
그러니 빨리 베이징 가서
불 끄고 사태 종료를
알려서 러시아놈들을 만주에서
물러나도록 해야죠, 외삼촌.

보으어어어어~!!!

하지만 현재 영국은
보어전쟁의 늪에 빠져
허우적대고 있는 처지.

극동에서 신속하게
베이징을 제압하고
러시아의 대군을 견제할
여력이 있을 리가 있나!

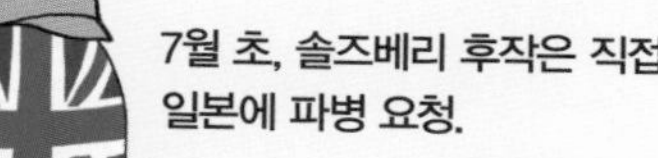

7월 초, 솔즈베리 후작은 직접
일본에 파병 요청.

이럴 때를 위해 준비해둔
비장의 카드.
가랏! 일본몬!!
베이징으로
만 단위 병력
로켓 배송 ㄱㄱ!!

하, 하잇!!

외무대신 아오이 슈조

베이징으로 일본군
대병력 파병!
이 얼마나 개이득
이벤트입니까요!
● 러시아 견제 남하!
● 중국에서의 지분 확보!
● 열강 회원 레벨, 레벨업!
● 영국의 호감도 상승!
ㅇㅇ! 에이스들만 추려서
바로 첫 배 태워 보내시오!

총리 야마가타

7월 16일, 일본군 5사단 선발대 8천 명 출발.
7월 21일, 톈진 도착.

후쿠시마 야스마사 소장

지휘관인 후쿠시마 소장은
영어, 불어, 독어, 러시아어, 중국어에
두루 능통한 수재.

시베리아철도 정보 수집을 위해 단기필마로
시베리아 횡단을 수행했던 인물로 이름 높다.

····
…바이칼 호수에서는
Buy 칼… ㅋ

러시아놈들이
계속 베이징 진공 시점을
늦추려고 수작을 부리는데…

베이징의
공사관 구역이 함락되고
서양 공사들과 민간인들이 모두
살해되길 바라고 있는지도 몰라요.

**그리된다면 청조는 확실히
멸망, 붕괴를 피할 수 없을 것이고,**

아이고, 주인 없는
땅이 되어부렀네~

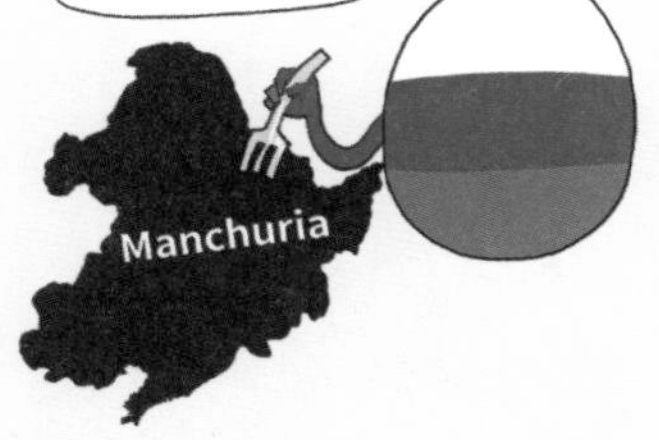
Manchuria

**그러면 러시아는 만주를 무주공산이라
주장하며 당당하게 집어삼킬 수 있겠지요.**

뭘 그렇게까지 음해하십니까;
그냥 아직 병력이 부족한 것
같다고요. 베이징 치려면
최소 5만 명은 있어야…

아, !@#$! 진짜, 님 쫄??

그냥 러시아군 빼고
우리끼리만 갑니다?!?

영국 측의 강권으로 결국 톈진 함락 20일 후인
8월 4일에 베이징을 향한 진공이 시작된다.

역사상 유례없는 숭고한 목적의 문명 열강 연합군! 8국 연합군 발진!!!
지휘관 알프레드 가젤리 장군

베이징으로 진군하는 8국 연합군 2만여 명의 구성은-

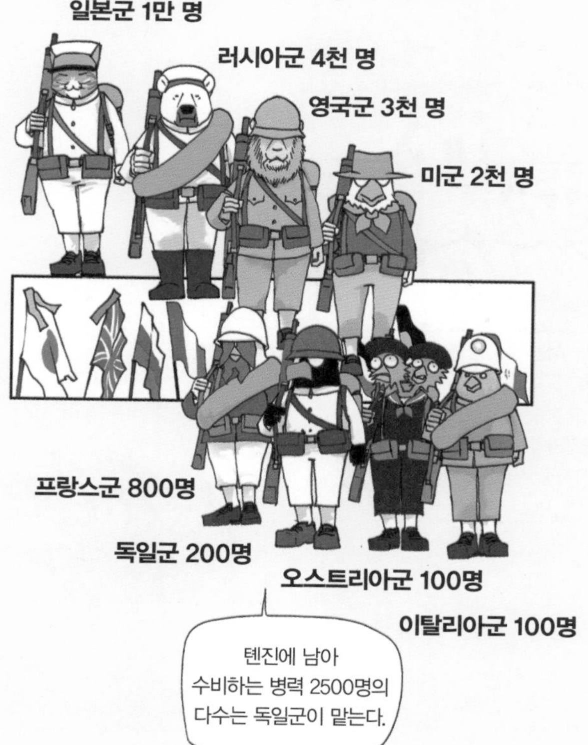

일본군 1만 명
러시아군 4천 명
영국군 3천 명
미군 2천 명
프랑스군 800명
독일군 200명
오스트리아군 100명
이탈리아군 100명
톈진에 남아 수비하는 병력 2500명의 다수는 독일군이 맡는다.

8국 연합군의 출정 소식이 베이징에 닿자—

크악! 결국 양놈들이 청조를 지워버리려 떼거지로 몰려오는데!!!
큿;;
화의고, 휴전이고 무슨 그딴 김빠지는 이적 행위를 용납하겠습니까!

강경파가 조정을 장악.

열강과의 화의를 주장하던 대신 5명을 처형한다.

나라 망한다!

허경징, 원창, 서용의, 입산, 연원 **경자피화5대신**

이 5대신은 두고두고 비둘기파의 옳음을 증명하는 고사로 인용될 것이다!

이와 함께 공사관 구역에 대한 공격도 재개.

잘 쉬었냐?! 후반전 간드아!!
몬가… 몬가 상황이 진행되고 있긴 한가 본데;;

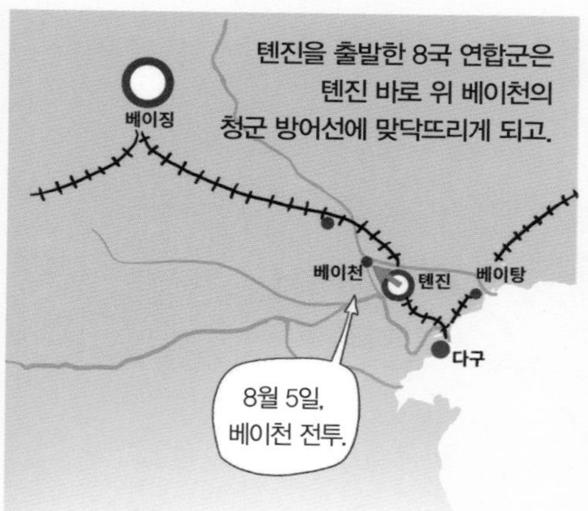
톈진을 출발한 8국 연합군은
톈진 바로 위 베이천의
청군 방어선에 맞닥뜨리게 되고.
베이징
베이천
톈진
베이탕
다구
8월 5일,
베이천 전투.

대포 26문이 방열한 청군 진지를 향해 일본군이 돌격.
반자이!!!
청일전쟁으로
이미 서열 정리
끝냈제!!

60명의 전사자와 240명의 부상자를 내며
진지를 점령하긴 하는데.

아니, 청군놈들
다 어디 갔지;;

청군은 50명의 전사자만
내고 빠르게 철수.

대포 26문도
다 챙겨서 튀었다.

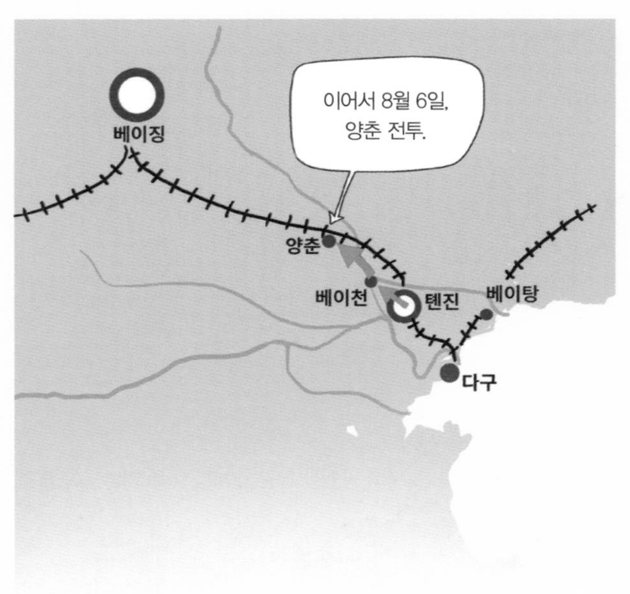
이어서 8월 6일,
양춘 전투.
베이징
양춘
베이천
톈진
베이탕
다구

이번에는 미군과 영국군, 러시아군이
기찻길 제방 위 청군 진지를 향해 돌격.
Fot the 퀸!
우라!!
포덕퀸?
후레이!!!
은폐물 하나 없는 들판을
500미터 넘게 달려가야 했다는
부분도 거지같지만-

30도를 훌쩍 넘는 무더위에
병사들이 열사병으로
픽픽 쓰러져갔다;;
뜨거운 지구가
북극곰을 죽입니다;;

그 와중에 여기저기서
아군 오인 사격 작렬.
아, 쏴리~!
....

청군이 제대로 각잡고 싸웠다면
연합군에 대참사가 되었겠지만,
여기서도 진지에 도착했을 때
청군은 전사자 하나 없이
이미 철수한 후였다.

큥, 이딴 쓰레기 전쟁에 우리 군을 축낼 가치가 있겠는가.

마옥곤은 싸우는 시늉만 하며
일찌감치 무위좌군 병력을
싹 빼서 베이징 서남쪽
펑타이로 철수시킨다.

물론 베이징 도성에도 안 들어갈 거임. 도성 방어전 참여 안 할 거다.
퉁저우
베이징
펑타이
양춘
베이천
톈진
베이탕
다구
8월 13일, 연합군은 베이징 서쪽 성벽 앞
퉁저우에 도달.

북경오리 이제 다 뒤졌다.

제 29 장

Beijing Has Fallen

8국 연합군 병사들은 베이징까지 오면서
중국 측에 훼손당한 채 걸려 있는
연합군 병사들의 시신을 목격했고.

끄아아아악?!!?

기독교인들의 증언도 듣고.

아 글쎄, 의화단놈들이
서양 선교사들을
썰고 굽고 삶고 말리고 데치고…

크아악! 미개한
야만 사이비 참깨놈들!!!
백배 천배로 갚아주겠다!!!

8국 연합군 병사들은 분노 스텍 풀 충전 상태로
베이징 공략에 나서게 된다.

일단 동교민항의
공사관 구역 구출을 최우선 순위로 두고,
동쪽 성문들을 각각 맡아서 8월 14일
아침에 일제히 공략합시다.
…공사관 구역 해방
1착의 영광은 우리 군이
가져가야…

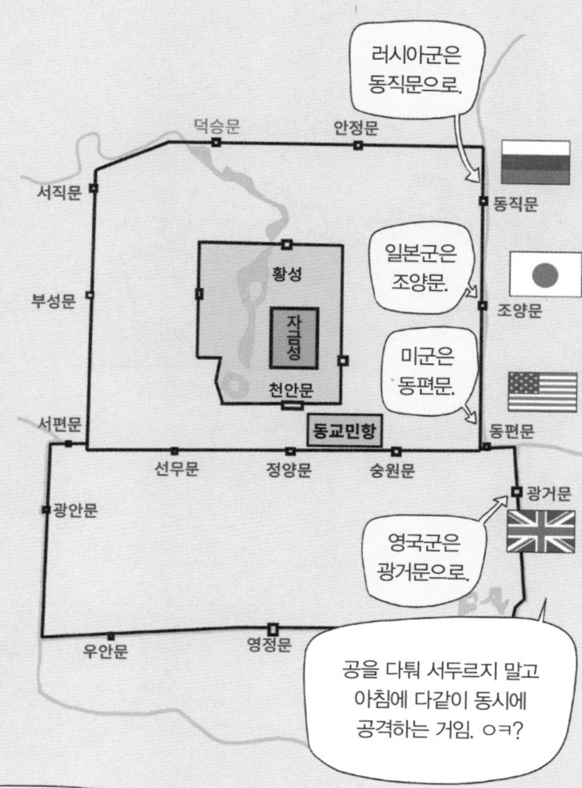

러시아군은
동직문으로.
덕승문
안정문
서직문
동직문
일본군은
조양문.
황성
부성문
자금성
조양문
미군은
동편문.
천안문
서편문
동교민항
동편문
선무문
정양문
숭원문
광거문
광안문
영국군은
광거문으로.
우안문
영정문
공을 다퉈 서두르지 말고
아침에 다같이 동시에
공격하는 거임. ㅇㅋ?

하지만 8월 14일 오전 3시,
러시아군이 예정과 달리
미군 구역인 동편문으로
단독 공격 개시.

러시아에서는 새벽 3시에
아침밥을 먹습니다.
여기가 공사관
구역이랑 제일
가까운 문이잖아.
우라아아아!!!
공사관 구역 해방의
영광은 러시아군이
가져간다!!!

웰컴 투 베이징.
하지만 이곳의 중국 측 방비가 가장 단단했고.
타다닥
컥;; 그냥 우리 구역에서 공격할걸;;
러시아군의 공격은 126명의 사상자를 내며 돈좌.

날이 밝자, 다른 연합군 부대들이 예정대로 공격 시작.

으어;;
으어어어
아니, 쟤 왜 우리 구역에서 저러고 있냐;

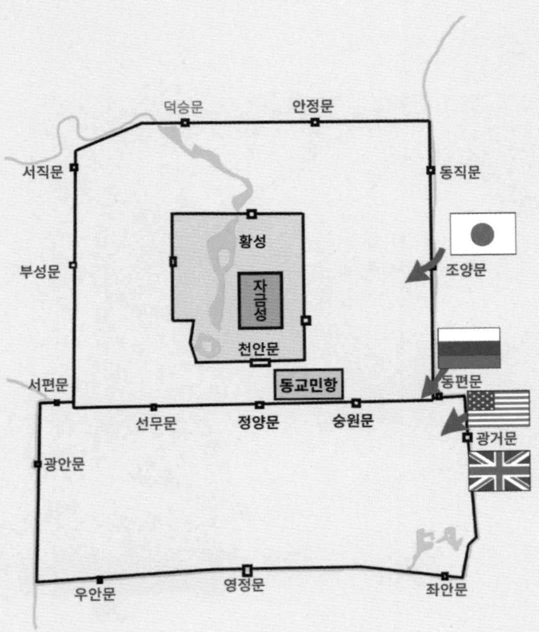
덕승문
안정문
서직문
동직문
황성
부성문
조양문
자금성
천안문
동교민항
서편문
동편문
선무문
정양문
숭원문
광거문
광안문
우안문
영정문
좌안문

으어?! 이런
짜증 나는 원시적인
공격을?!
동편문은 이미 러시아군이 차지했기에,
미군은 그 옆 성벽으로 등반 공격을 감행.
충격과 공포다!!
그지 참깽이들아!
오전 11시, 미군 나팔수가
최초로 성벽 꼭대기에 올라
성조기 게양.

미군은 그렇게 성벽 회곽도를 따라 공사관 구역을 향해 진군.

으어; 왜
주택가로 오냐;;
광거문 방면으로 진입한 영국군은
예상 외로 미미한 저항을 뚫고 진격.

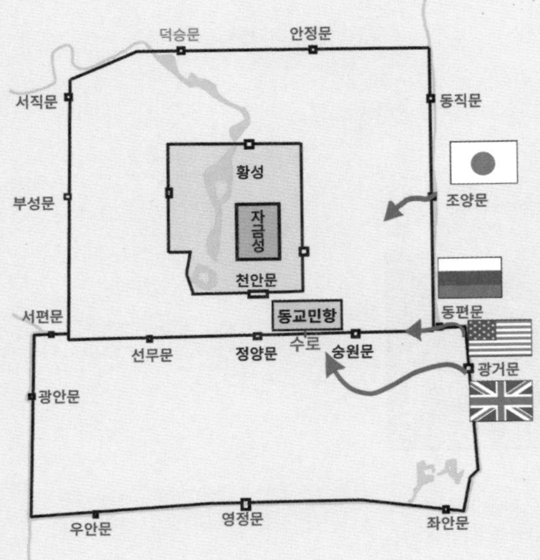
덕승문
안정문
서직문
동직문
황성
부성문
자금성
조양문
천안문
동편문
서편문
동교민항
선무문
정양문
수로
숭원문
광거문
광안문
우안문
영정문
좌안문

주택가를 돌파해 베이징 내성 성벽
아래를 지나는 하수도를 통해 동교민항으로 진입.

#@$%
똥물이잖아;;
그래서 이 하수도 방면이
여태껏 안 뚫린 건가…

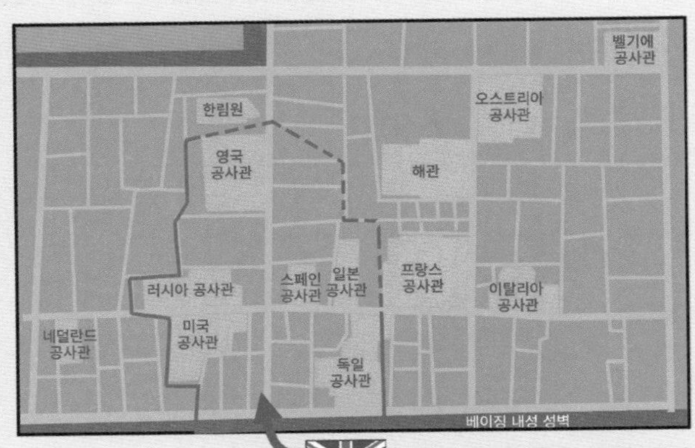
벨기에
공사관
오스트리아
공사관
한림원
영국
공사관
해관
프랑스
공사관
스페인
공사관
일본
공사관
러시아 공사관
이탈리아
공사관
미국
공사관
네덜란드
공사관
독일
공사관
베이징 내성 성벽

그렇게 영국군은 1명의 전사자도 내지 않은 채
동교민항으로 진입 성공.

구하러 온
영국군입니다~!
살아들 계십니까?!
?!

1900년 8월 14일 14시 30분,
베이징 공사관 구역은 포위 55일 만에
8국 연합군에 의해 해방된다.

55일의 포위 기간에 공사관 구역의 서양인들 피해는
전사 68명, 부상 160여 명.

자, 이제 다음은
자금성이다!

양놈들 군대가 결국
베이징으로 진입!!
피하셔야
하옵니다!!
꾸궁
크읏…
피… 피란을…
I told…

끄으으으으읏;;
40년 전 열하로 도망갔던
그 치욕을 결국 살아서
다시 겪는가!!!
ㅂㄷㅂㄷㅂㄷㅂㄷ
저승에서 선황을
무슨 낯으로
대할 수 있으리오!!

너무 오래 산
죄업이로다!!!
일단 빨리
ㄷㄷㄷ

8월 15일 새벽, 서태후는 광서제와
단왕·부준 부자를 데리고 베이징을 탈출.

베이징 여름 더위 힘들다. 날씨 좀 선선해지면 돌아오겠노라.

동복상이 감군 병력으로 호위한다.

탈출하면서 광서제의 후궁 진비를
우물에 빠뜨려 죽이고 갔다는 이야기도.

진비가 광서제와 함께 서태후에 대항하는 변법당 세력이었다지.

영록과 신료들은 자금성에 남아서 양놈들을 상대하도록 하라.
…결국 이렇게 될 거…
자금성 KEY
뭐, 계속 공사관 측과 협상 쪽지를 주고받고 있긴 했지요…

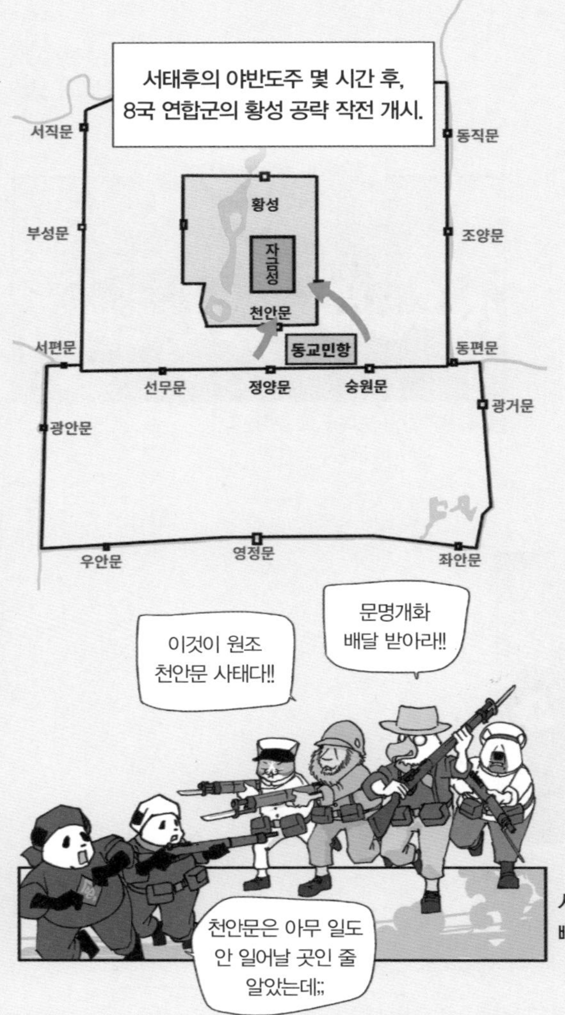
서태후의 야반도주 몇 시간 후,
8국 연합군의 황성 공략 작전 개시.
서직문
동직문
황성
부성문
조양문
자금성
천안문
서편문
동교민항
동편문
선무문
정양문
숭원문
광거문
광안문
우안문
영정문
좌안문
이것이 원조
천안문 사태다!!
문명개화
배달 받아라!!
천안문은 아무 일도
안 일어날 곳인 줄
알았는데;;

서태후 피란 호위를 위해 대부분의 병력이 빠진 황성의 수비는 바로 무너져 내렸고.

어차피 싸울 생각 없던 영록은 바로 교전 중지.

세계문화유산 자금성에 야만스럽게
대포 쏘지 말고. 말로 합시다, 말로.

Evviva!
Hourra !
Hooray!
ばんざーい!
Ура!
Hurra!
서구 열강의 승리!
베이징 전투는 8국 연합군의 승리로 끝났습니다!
이겼덕!! 오늘 저녁은 베이징 Duck이덕!!!

그리고 이제…
티배깅의 시간이다.

주요 사건 및 인물

주요 사건

무술변법과 정변

무술변법(변법자강운동)은 '유교 기반 서구 합리주의'를 내세우며 많은 선비의 지지를 얻은 강유위(캉유웨이)와 광서제가 합심해 진행한 근대화 운동이다. 강유위의 뒤에는 호부상서이자 내각 대학사인 옹동화(翁同龢)가 있었는데, 그는 청일전쟁 패배로 이홍장이 실각하고 서태후 체제가 흔들리자 광서제의 권력 장악을 도모한다. 그 카드로 강유위를 쓰니, 1898년 1월 옹동화의 주선으로 강유위는 국난 극복을 위해 과감한 근대화가 필요하다고 광서제에게 아뢰고, 광서제가 이를 받아 개혁의 시작을 알린다. 이렇게 시작된 무술변법은 유명무실하게 유지되어온 조정 부서들의 구조 조정, 언론의 자유 보장, 백성의 자유로운 대정부 건의 보장, 재정 투명성 강화, 행정 절차 개선, 지폐 발행, 국영 공사의 민영화, 군사 개혁, 교육 개혁, 과거 제도 개혁 등을 밀어붙인다. 이 과정에서 1만 명에 가까운 서태후 라인의 인사들이 축출되는데, 개혁은 멈추지 않아 헌법 제정과 의회 창설, 수도 천도, 유교 국교회 같은 급진적인 조치가 이어지리라는 소문마저 돈다. 그러면서 이토 히로부미를 외국인 재상으로 맞아들이고, 심지어 영·미·청·일의 연합국가 건설과 서태후의 서구 유람까지 논의된다. 이에 이화원에서 쉬고 있던 서태후가 사직에 대한 걱정 반, 자기 권력에 대한 걱정 반으로 움직이기 시작한다. 이를 경계한 광서제는 1898년 9월 들어 원세개의 신건육군 병력을 동원해 이화원을 들이치는 작전을 짜지만, 북양대신 영록(榮祿)의 병력을 동원한 서태후가 한발 빨리 자금성을 장악한다. 황제는 골방에 유폐되고 그간의 모든 개혁이 무위로 돌아가니, 이를 무술정변이라 한다.

일본 정당내각 수립

일본은 일찍이 국회를 만들어 총선을 치러왔는데, 1898년 3월 5차 총선에서 반정부 민당인 진보당과 입헌자유당이 중의원 300석 중 209석을 차지한다. 이들 양당은 총리인 이토 히로부미가 의회 해산을 시도하자(발단은 이토의 증세안을 국회가 거부한 것), 6월 반정부 투쟁 역량을 결집하고자 합당해 초거대 정당인 헌정당을 꾸린다. 결국 이토는 사임하고 새 총리로 헌정당의 진보당계 리더인 오쿠마 시게노부(大隈重信)가 임명된다. 이로써 진정한 의미의 정당내각, 즉 의원내각제가 최초로 실현된다. 그런데 이후 여러 관직을 배분하는 과정에서 진보당계와 입헌자유당계의 갈등이 시작된다. 특히 8월 진보당계였던 문부대신 오자키 유키오(尾崎行雄)가 '공화제'를 들먹이며 한 농담이 내분의 불씨가 된다. 이 발언이 문제 되어 오자키가 사임하자, 오쿠마가 또다시 진보당계 인물을 문부대신으로 임명하려 한 것. 결국 10월 입헌자유당계가 기습적으로 총회를 열어 헌정당을 해산시킨 다음, 신(新)헌정당을 결성한다. 이로써 일본 최초의 정당내각은 4개월 만에 붕괴하고 만다.

고종 독다 사건

한편 조선에서는 독립협회가 날로 기세를 높여가며 이런저런 개혁을 주장한다. 이에 대한 대항마로 1898년 7월 조정 수구파가 황국협회를 창설하지만, 곧바로 뚜렷한 활동에 나서진 않는다. 당시 독립협회는 《독립신문》과 만민공동회를 앞세워 의회제 도입 여론에 군불을 때고, 열강의 이권(특히 금광) 탈취를 강하게 비판하는데, 독립협회 초대 회장인 안경수(安駉壽)를 포함한 몇몇은 대리청정 여론을 모으려다가 발각되어 검거되기까지 한다. 이런 상황에서 8월 고종은 외국인 용병들로 구성된 경호부대를 고용하지만, 독립협회의 반발로 결국 계약을 해지하고 만다. 이처럼 독립협회와 조정의 기싸움이 이어지는 와중인 9월 고종과 황태자가 치사량의 아편이 든 커피를 마시는 사건이 벌어진다. 커피 맛을 잘 알고 있던 고종은 바로 뱉어 큰 화를 면했지만, 황태자는 이가 모두 빠질 정도로 몸이 크게 상하고 만다. 이 엄청난 사건의 범인으로 지목된 자가 바로 김홍륙(金鴻陸)으로, 그는 러시아 통역을 담당한 역관이었으나 매관매직으로 엄청난 재산을 모은 것이 밝혀져 흑산도로 유배된 상태였다. 이에 앙심을 품은 그가 고종을 살해하려 했다는 게 조정의 판단이었는데, 그 진위를 떠나 수사 및 재판이 매우 무리하게 진행되었다. 결정적 증거가 나오지 않자, 갑오개혁으로 금지된 연좌제를 행해 김홍륙과 공범들의 가족을 잔혹하게 고문한 데다가, 사형시킨 김홍륙과 공범들의 시신을 방치함으로써 분노한 민중에게 갈기갈기 찢기게 한 것이다. 생전 부정부패를 일삼던 김홍륙을 강력히 비판해온 독립협회는 물론이고, 서구인들도 이에 경악한다.

중추원 개편 시도와 무술 민란

황제가 독살당할 뻔한 큰 사건이 있었으나, 독립협회의 의회 설립 시도는 멈추지 않는다. 마침 고종 독다 사건 이후 연좌제를 부활시키려는 정부의 시도에 민심이 크게 반발해 수구파가 물러나며 친독립협회 세력이 정권을 잡게 된다. 이러한 흐름에 발맞춰 독립협회는 1898년 10월 '중추원 관제 개정안'을 정부에 정식으로 제출한다. 중추원을 일종의 상원으로 개편해 각종 정책과 법안을 의정한다는 게 핵심 내용이었다. 보통선거를 기본으로 한 하원의 경우 황제와 지방 유림 세력의 강력한 반발이 예상되므로, 시기상조로 여겨졌다. 문제는 중추원의 의관 구성을 어떻게 하느냐인데, '칙선 25석, 독립협회 25석'이라는 독립협회 안과 '칙선 25석, 독립협회 17석, 황국협회 8석'이라는 정부 안이 충돌한다. 결국 중신들까지 참여한 대규모 관민공동회를 계기로 독립협회 안이 받아들여지며, 11월 5일 독립협회 몫의 의원들을 뽑는 최초의 선거가 열리기로 한다. 하지만 4일 늦은 밤, 독립협회가 선거 직후 공화제를 선포하리라는 벽보가 발견되자, 이를 구실로 고종은 5일 새벽 독립협회 지도부 17

명을 전격 체포하고(윤치호는 도주), 그날의 선거를 취소시킨다. 이에 분노한 백성이 궐문 앞에 모여 몇 날 며칠을 밤새워 시위하니, 10일 정부는 체포한 독립협회 지도부를 모두 석방한다. 하지만 시위는 멈추지 않았고, 민의는 중추원 개편을 다시 한번 강력히 주장한다. 이에 황국협회에 모종의 임무가 내려진다. 곧 21일 서울 한복판 종로에서 황국협회와 독립협회가 무력 충돌하는데, 결과적으로 독립협회가 황국협회를 몰아내며 사태는 도심 민란으로 번진다. 사태가 이렇게 악화하자 정부는 22일 독립협회를 복설하고, 23일 독립협회의 건의를 받아들인다. 이후 26일 고종이 친히 백성 앞에 나와 독립협회와 황국협회의 주청에 응대한다. 결과적으로 '칙선 17석, 독립협회 17석, 황국협회 17석'의 중추원 의관 구성이 확정된다. 그런데 12월 16일 중추원이 정부를 구성할 대신 후보로, 고종이 을미사변의 공범이라 여기는 박영효를 추천하면서 사태가 급반전된다. 박영효에 대한 각계각층의 거부 정서가 강했던지라 고종은 물론이고 민심도 군(軍)심도 모두 독립협회에서 떠나게 된다. 이에 21~23일 고종이 무력을 동원해 박영효를 옹호하던 만민공동회를 해산하고, 25일 중추원의 의회 기능을 백지화하는 동시에 친독립협회 인사들을 모조리 해임한다. 이로써 다시 수구파가 정권을 잡는다. 해를 넘겨 1899년 고종이 직접 전제적 근대화 개혁을 시도하니, 이를 광무개혁이라 한다.

베이징 전투

서태후가 다시 권력을 쥔 베이징에서는 황제 교체 움직임이 인다. 서태후는 자신의 친조카와 결혼한 단왕 재의(端王 載漪)의 아들 부준(溥儁)을 새 황제로 세우려 한다. 그런데 재의와 그 세력은 극단적인 배외주의자들로, 서구 문물 도입을 주장하던 양무파와 갈등 관계였다. 이에 양무파와 서양 공사들은 황제 교체를 반대하고, 서태후는 일단 계획을 연기한다. 부준의 즉위가 어려워지자, 재의는 자신만큼이나 서양을 혐오하는 일종의 사이비 종교 집단인 의화단을 활용할 계획을 세운다. 당시 의화단은 곳곳에서 교회를 불태우고 선교사와 기독교인을 죽이는 등 문제를 일으키고 있었다. 재의는 이들의 활동을 서태후에게 소개하고, 서태후는 이러한 '민심'에 힘입어 황제를 바꿀 요량으로, 1900년 2월 의화단을 정식 단련으로 인정한다. 이에 수만의 의화단 무리가 베이징으로 향하고, 이에 위기를 느낀 영국 공사의 요청으로 5월 톈진에 있던 각국 병력 400여 명이 급파된다. 이처럼 위기가 고조되는 상황에서 재의와 서태후는 서구와 개혁 세력을 견제하고자 1900년 6월 7일 의화단의 베이징 입성을 허가한다. 곧 의화단은 수백 명의 기독교인을 살해하는 등 베이징 안에서도 말썽을 부리고, 서양 각국의 공사관이 몰려 있는 '공사관 구역'을 포위하기에 이른다. 이에 공사들을 구출하려 출병한 8국 연합군이 톈진과 베이징 아래 랑팡에서 의화단 및 관군과 교전을 벌이고, 이를 전해 들은 서태후는 21일 전쟁을 선포한다. 이를 기점으로 의화단의 공사관 구역 공격이 본격화되니, 55일간의 공방전 끝에 공사관 구역을 함락 직전까지 몰아붙인다. 하지만 8국 연합군이 우여곡절 끝에 베이징에 도착해 8월 14일 공사관 구역을 해방하는 데 성공한다. 서태후와 재의, 부준은 서둘러 베이징을 떠나고, 영록은 곧바로 교전 중지를 선언한다.

주요 인물

강유위 康有爲

1858년생인 강유위는 어려서부터 성리학과 양명학을 공부했는데, 일본의 메이지 유신을 지켜보며 문명개화에도 관심을 품는다. 이후 성리학을 비판하고 공양학 사조에 합류하며 서양 학문을 공부하는 데 심취, 선비 사회에 '유교 기반 서구 합리주의'라는 새로운 비전을 제시한다. 1891년 만목초당을 열어 제자들을 키우고, 1895년 과거에 합격하고는 강학회를 설립해 문명개화 계몽 사업을 본격적으로 시작한다. 강학회는 고위 관리들도 후원할 정도로 많은 관심을 받지만, 서태후 세력의 견제로 두 달 만인 1896년 1월 문을 닫는다. 다만 이러한 활동이 옹동화의 눈에 띄어 광서제를 도와 무술변법을 이끌게 된다. 하지만 급진적인 개혁은 서태후 세력의 반발을 사 무술정변으로 이어지니, 1898년 9월 일본으로 망명한다.

김홍륙 金鴻陸

천민 태생으로, 함경도에서 물고기를 잡는 어부였다. 다만 물고기를 팔러 블라디보스토크를 왕래한 덕분에 자연스레 러시아어를 익혀 1886년 지역 관리의 러시아어 통역을 몇 번 돕게 된다. 물론 김홍륙은 한문이나 키릴 문자에는 까막눈이었고, 통역 자체도 일상 회화 수준에 머물렀던 것으로 보인다. 마침 1884년 러시아와 통교한 조정에서는 누구라도 러시아어를 할 수 있는 사람이 필요했고, 이에 김홍륙에게 관직을 내려 입궐시킨다. 이후 1896년의 아관파천을 거치며 조선과 러시아의 관계가 매우 가까워지자 김홍륙의 영향력도 급격히 커지는데, 러시아 공사 부부와 고종의 환심을 모두 산다. 권력을 등에 업은 김홍륙은 겉으로는 청렴한 척하며, 뒤로는 매관매직과 부정부패로 막대한 재산을 축적한다. 그만큼 적도 많아져 1898년 2월에는 암살자들에게 습격당하기까지 한다. 3월 러시아가 절영도 조차와 한러은행 설립을 모두 포기하며 조선에서 발을 빼자, 김홍륙도 급격히 권세를 잃고 만다. 이후 평소의 잘못된 행태가 밝혀지며 흑산도로 유배를 떠나는데, 고종 독다 사건의 주범으로 몰리며 10월 처형당한다. 당시 김홍륙은 끝까지 자신의 무죄를 주장했고, 사실 결정적인 증거도 나오지 않았다.

윤치호 尹致昊

어렸을 적에 일본에서 유학하고, 갑신정변 실패 후에는 중국을 거쳐 미국에서 유학한 개화파 인사다. 서재필이 《독립신문》을 창간할 때 적극적으로 도와 2대 사장을 지내고, 독립협회 운영을 주도한다. 1898년 만민공동회 운동을 통해 중추원을 상원으로 개편하는 데 성공한다. 하지만 박영효 복권 문제로 황제에게 역습당해 중추원의 의회 개편은 백지화되고, 만민공동회 운동 또한 수포가 된다. 친독립협회 인사들이 줄줄이 파직당하고, 독립협회마저 해산당하는 와중에 민심의 황제 지지세는 언제나 확고함을 확인한 윤치호는 뿌리 깊은 조선의 왕권 사상에 실망해 냉소주의자가 되어간다.

단왕 재의 端王 載漪

재의는 함풍제의 동생이자 공친왕의 형인 돈친왕 혁종의 둘째 아들이다. 서태후의 조카와 결혼해 아들 부준을 낳았다. 서태후는 부준을 새 황제로 즉위시킬 계획을 세우지만, 재의가 강경한 배외주의자였기에 양무파와 서양 공사들의 반대에 부딪힌다. 이에 재의는 광서제와 양무파, 서구 열강이 짜고 쿠데타를 일으킬지 모른다는 식으로 서태후를 자극해, 같은 배외주의자 집단인 의화단을 베이징으로 불러들이는 데 성공한다. 이후에도 거짓과 진실이 적당히 섞인 이야기로 서태후를 설득해 선전포고까지 끌어낸다. 재의가 의화단의 힘으로 정말 서구 열강을 무찌를 수 있다고 생각했는지, 아니면 의화단을 판돈 삼아 정치적 거래를 이루려 했는지는 알 수 없다. 여하튼 8국 연합군이 관군과 의화단을 무찌르고 베이징에 입성하며 재의의 야망은 물거품이 되고 만다. 이후 부준을 데리고 서태후를 따라 피란길에 올랐다가, 사후 처리 과정에서 부자가 함께 신강으로 유배당한다. 이후 복권되지 못하고 각지를 떠돈 끝에 1922년 사망한다.

영록 榮祿

1852년생으로 16세의 어린 나이에 관직을 얻는다. 서태후의 죽마고우이자 사돈으로, 지근거리에서 권력을 옹위하며 승승장구한다. 1898년에는 개혁을 시작하려는 광서제와 정무에서 손 떼려는 서태후 사이의 협상 결과로, 직예총독 북양대신의 자리에 오른다. 톈진에 있던 그는 무술정변 때 서태후의 명을 받아 군대를 이끌고 올라와 베이징을 장악한다. 1900년에는 단왕 재의의 세력에 맞서 황제 교체와 의화단의 공사관 구역 공격, 서구 열강에 대한 선전포고 등에 반대한다. 하지만 결국 서태후의 명을 거스르지 못하고 서구 열강과의 전쟁을 지휘하게 된다. 그래도 공사관 구역을 공격하는 의화단을 전혀 돕지 않거나, 뒤에서 서구 열강과 접촉하는 등 최악의 사태를 막기 위해 노력한다. 베이징 함락 후에는 연합군과 타협해 자금성을 보전한다. 이후 건강이 급격히 나빠져 1903년 사망한다. 사후 태부에 추증되고 문충의 시호를 받는다.